LETTRES

de Corse et de Bretagne

écrites par

John Antoine 'NAU'

qui premier eut le PRIX GONCOURT

(21 Décembre 1903)

à un ami d'Afrique : Robert RANDAU

Éditions "AFRIQUE"

Alger - Imp. Imbert

LETTRES
de Corse et de Bretagne
écrites par
John Antoine NAU
qui premier eut le PRIX GONCOURT
(21 Décembre 1903)
à un ami d'AFRIQUE : Robert RANDAU
A SAVOIR QUE...
(avant-lire)
par
Jean POMIER

Un avant lire est toujours encombrant et souvent inutile : les nourritures sont là, et servies. A quoi bon, maître-queux, votre présentation ?

J'ai cependant le devoir d'en exposer brièvement les raisons,... à savoir :
—d'abord une raison d'opportunité.

Depuis quelque temps, en effet, l'attention des lettrés a été ramenée sur l'ouvrage de John-Antoine Nau *Force Ennemie*, roman pour lequel son auteur eut le premier honneur du Prix Goncourt (21 décembre 1903). D'appréciés confrères ont parlé de l'homme et de l'œuvre, et M. Pierre Descaves (dont le père, Lucien Descaves fut, comme on sait, un des starters qui donnèrent le départ de la grande épreuve) lui a récemment encore consacré dans le journal *La Bataille* du 23 juillet dernier un article fort documenté. On retiendra notamment de son propos qu'une réédition de Force Ennemie est en préparation et qu'il en sera le préfacier.

Or, c'est exactement dans le même climat de fidélité au souvenir et de déférence à l'égard d'un beau talent que l'Association des Ecrivains Algériens avait accepté l'offre à elle faite par Robert Randau, son président d'honneur, de publier dans cette revue l'édition *complète* et *intégrale* de la correspondance échangée par Nau avec lui, en des temps déjà anciens.

Et ceci nous amène à d'autres et sensibles raisons.

Il nous est cher en effet de contribuer à entretenir la mémoire de John-Antoine Nau parce qu'il a longtemps séjourné en Alger. Il appartenait à la rédaction du Journal « Les Nouvelles », journal politique par nature, mais littéraire par destination, quand par exemple un article était signé par celui qui était en train d'écrire « Force Ennemie ». Il tint cet état entre les années 1905-1907, puis quitta l'Algérie pour aller s'établir en Corse. En ce temps-là son ami Robert Randau habitait Dakar et correspondait avec lui.

C'est de ce commerce d'esprit que sont venues peu après les lettres qu'on va lire et dont la dernière précède de quelques mois à peine sa mort (1918).

On aperçoit donc, sans insister davantage, l'intérêt qu'elles présentent particulièrement pour nous d'ici, indépendamment d'une valeur générale de témoignage évidente pour tout lecteur. L'on voit en effet assez souvent apparaître çà et là, dans le cours capricieux d'une lettre où la spontanéité fuse, où l'imprévu jaillit, où la blague, la rosserie et parfois le picaresque relèvent à chaque instant la saveur native du texte, — et la relèvent souvent jusqu'à la satire et à la charge — des notations sur un Alger 1900, sur les

— 1 —

types de la rue tels que l'Algérois d'aujourd'hui a pu les observer s'il a bien la soixantaine, et dont on peut retrouver l'évocation dans certains Louis Bertrand — les meilleurs, ceux d'un Pépète le Bien-Aimé — dans le « Professeur Martin », de Robert Randau, et dans les « Cagayous », de Musette, comme aussi dans les collections de dessins d'un Assus ou d'un Drack-Oub. C'est donc toute une curieuse époque que silhouette à traits brefs, soudainement jetés çà et là l'humoriste mordant qu'était Nau. Or — il faut le dire — on n'en trouve plus à peine que quelques rares expressions dans l'Alger du temps présent. Et même le vocabulaire dont il se sert a subi des modifications, fort significatives d'une évolution du milieu et de la mentalité algérienne. Je n'en prends pour exemple que la fréquence avec laquelle John-Antoine Nau se sert du mot « bicot » pour désigner ceux que nous appelons avec plus de cérémonie aujourd'hui les « musulmans ». Par où l'on pourra voir à cette occasion, d'une part que le terme « bicot » s'il n'avait en ce temps-là et surtout sous la plume de l'écrivain, pas de sens véritablement péjoratif, exprimait toutefois la considération « différée » que l'on pouvait alors accorder à des éléments de population à peine sortis d'un Moyen-Age persistant,... et persistant à aller au pas de l'âne au siècle du Cheval-vapeur ; mais, d'autre part, que la régression aujourd'hui constatable de l'aire d'emploi du terme et de sa fréquence, correspond à une amélioration certaine des contacts et des approches que détermine la vie dans la Cité.

L'on pourra donc trouver dans ces Lettres d'utiles points de comparaison entre deux moments de la lente formation d'une psychologie de ce *groupement humain-en-instance-de-soi* qu'est l'Algérie.

Par ailleurs et en relation avec l'histoire littéraire locale, le lecteur algérien sera sensible au souvenir, apparaissant par éclairs, de quelques-uns de ceux qui furent des premiers à prétendre exprimer ce pays par l'art, rêvant, pour cette fin, non pas d'un régionalisme étriqué, mais, par ce moyen, de lui permettre sa propre élucidation. Et nous saluerons au passage les noms de ces annonciateurs d'un printemps de lettres que nous devions ensuite, mes amis et moi, essayer de mener aux plénitudes d'un été : Léo Loups, l'auteur de « Les lévriers », Edmond Gojon, Raoul Génella, Albert Tustes, qui obtint le Grand Prix Littéraire de l'Algérie, bref cette équipe première qui, avec Louis Lecocq et Robert Randau, entr'autres, devait affirmer dès 1905 les valeurs possibles du mot *algérien* appliqué aux démarches de l'esprit.

Enfin, nous devons souligner encore dans cet avant-dire que celui avec qui John-Antoine Nau correspondit si amicalement, Robert Randau, devait, au fur et à mesure du développement de son œuvre, occuper la première place, non seulement parmi, nous, écrivains algériens, mais parmi les écrivains de l'Union française, au point que l'on peut sans démesure aujourd'hui évoquer à son propos la place occupée dans les Lettres de l'Empire Britannique par un Rudyard Kipling. On ne sera donc pas surpris qu'un esprit aussi pénétrant que John-Antoine Nau, et surtout, aussi possessif des espèces et des espaces du monde — n'a-t-il pas presqu'autant bourlingué qu'un Gauguin — ait, dès les premiers livres de Robert Randau, reconnu en lui un maître en puissance et la puissance d'un maître de cette Littérature qu'on appelait encore naguère, avec Pierre Mille et Marius-Ary Leblond, coloniale.

Mais je me garderai d'insister sur toutes ces raisons qui nous sont trop algériennement chères, car je ne voudrais pas, en réduisant peut-être l'ouverture du diaphragme, risquer de réduire le champ de vue du lecteur : les lettres de Nau établiront au surplus suffisamment par elles-mêmes la valeur d'information et de documentation générales qu'elles ont au regard de l'étude d'un moment littéraire et d'un de ceux qui en ont marqué le caractère avec le plus de personnalité. Et peut-être ; comme le croient de bons esprits, d'une manière durablement mémorable.

Jean POMIER.

La vie et le caractère
de John Antoine NAU

John-Antoine Nau, au style éblouissant, un des plus grands poètes, un des plus nobles artistes de notre époque, à qui, en 1903, fut décerné le premier prix Goncourt par un jury de grands écrivains présidé par J.-K. Huysmans, est assez peu connu du grand public. Le grand public a tort.

Tôt il s'invita au voyage ; ses premiers amis furent la mer, les cieux des tropiques, les horizons lumineux et les verdures exagérées, les paysages antillais qui, pour lui comme pour Lafcadio Hearn étaient les plus beaux du monde. De bonne heure aussi il pénétra dans les domaines de la fiction et s'y plut : il fut croyant, poète et romancier, sensible au moindre frémissement de l'être ; comme Gœthe le prescrivait à l'artiste il ne séparait jamais l'objet de son ambiance et il aimait pour comprendre. Et il comprit.

John-Antoine Nau est le pseudonyme littéraire de Eugène-Léon-Edouard-Joseph TORQUET. Né à San-Francisco, le 19 novembre 1860, de parents français ; son père ingénieur, chef d'entreprise, originaire de Bolbec (Seine-Inférieure) mourut en 1864 à trente-deux ans d'âge. Sa mère était native de Paris. Après la mort prématurée de son mari, elle vint, avec ses enfants, Eugène-Léon âgé de cinq ans et son frère de trente mois plus jeune, s'établir au Hâvre, où son beau-frère dirigeait une banque.

Sous la direction de Mme Torquet, sa mère, personne très intelligente et de goûts raffinés, Eugène-Léon fit de fort bonnes études au Lycée du Hâvre.

Il avait quatorze ans lorsque sa mère abandonna cette ville pour se fixer à Paris, où elle mit ses fils au collège Rollin.

Eugène-Léon bachelier quitta l'établissement à l'âge de 19 ans. Il était déjà possédé par le démon de la littérature et collaborait au *Chat Noir* où il signait Jérôme Nau ses articles.

A 21 ans (1881) il embarqua en qualité de pilotin à bord du voilier *La Marie-Auger*.

Il fit sur ce bâtiment plusieurs voyages consécutifs aux Petites Antilles et à Haïti.

Alors s'inaugura pour lui une immense pérégrination qui durera trente-deux ans ; il passera sa vie à émigrer d'un lieu dans un autre à la recherche de sensations nouvelles ; il considérait toutefois comme essentiel que chacune de ses villégiatures possédât le double agrément de la mer et de la forêt. Le bruit de la grande houle qui déferle sur les arbres et sur les vagues était indispensable au poète. Il fut le nomade par excellence :

« On ne devrait pas *habiter*, écrit-il à Jean Royère, on *passe...* »

Analysant à Royère ses besoins de voyage il s'exprime ainsi :

« *Vraiment, il n'y a rien d'aussi humiliant, d'aussi moulard, d'aussi coquillagesque, que d'avoir un domicile fixe ! Ça me dégoûte !* »

En 1883, il apparaît à Port-en Bessin.

En 1885, il épousait, à Asnières, celle qui le suivra dans toutes ses escales. Il fait à la Martinique son voyage de noces. Il est devenu aide-commissaire aux vivres sur le paquebot *La France* qui dessert les Antilles. Son séjour dans la mer des Caraïbes se prolongera pendant deux ans (1885-1886).

En 1886, il regagna la France et passa à Rouen, puis à Saint-Raphaël.

En 1887, le voici à Piriac, en Vendée.

Il est sensible à un point surprenant au froid ; chacun de ses déplacements n'a d'autre raison, déclare-t-il, qu'un hiver un peu rigoureux. Il est à la recherche, sans cesse, du climat égal à la fois sec et tempéré ; quand il croit l'avoir découvert, il éprouve des mécomptes. Son principal biographe, Jean Royère, a peine à le suivre dans ses pérégrinations.

En 1897, il émigre successivement de Malaga à l'île de Majorque, puis à Tarteret, à Paris et à Barcèlone, d'où il se transportera aux Canaries ; il séjournera pendant trois ans à Ténérife.

En 1900, nous trouverons plusieurs fois sa signature à la *Revue Blanche*.

En 1901, il résidait en Andalousie ; là il achètera un jardin maraîcher et tentera de tirer des ressources de son exploitation. Il n'y récoltera que des déboires.

En 1906, et pendant plusieurs années de séjour en Afrique du Nord, Nau habita un faubourg d'Alger ; la rue Marey, où, dans une maison sans gloire, il avait son logis, est tortueuse et poudreuse ; ce fut là qu'il fréquenta la plupart des types si amusants, si vrais, de son livre Cristobal-le-poète, qui tient parfois de Cagayous, le voyou héroïque de Musette ; il immortalisa ainsi le paysage populaire algérien, l'épicier mozabite, le bistrot napolitain, les mégères hispano-françaises, les gosses à demi nus élevés à la dure école de l'expérience la plus directe et de la rue où les gosses poussent seuls ; les aspects pelés et galeux de Mustapha inférieur ; à sa voix « un paradis montait des fientes de gazelles », comme l'a écrit le grand poète Saint Pol-Roux. Cet homme muet et souriant s'amusait à ce spectacle. Il observait avec joie et jouissait à plein cœur de l'existence ; Nau n'aimait à se moquer de lui-même et des autres qu'assis à sa table de travail ; il avait la grande pitié sympathique de Dickens pour les pauvres. Il entretenait volontiers commerce avec ses voisins, dans la rue Marey, et éprouvait par exemple un plaisir singulier à partager des verres d'anisette, apéritif préféré des algériens, avec son propriétaire, curieux type de métis franco-maltais dont, dans sa correspondance, il me rapportait les réflexions avec une admiration railleuse. Ce personnage était à ses yeux une manière d'œgypan dont les folâtres naïvetés animaient les discours alcoolisés à l'anis.

Et cependant Nau, l'éternel voyageur, épris des magnificences des Iles, ne se plaisait que peu sur notre terre d'Algérie avec l'aventure derrière lui et peu d'argent ; lui, le sensible par excellence, la trouvait trop dure, trop âpre ; les hommes qui y résidaient lui paraissaient par trop d'accord avec leur sol ; il appréciait certes leur énergie, leur ténacité, leur combativité, mais ces êtres n'avaient pas assez de nuances pour la pensée de cet exotique. Je n'aimait point l'esprit persifleur des autochtones portés à exagérer la raillerie et à feindre de dépasser l'endroit où elle reste supportable. Aussi, je le soupçonne, subit-il parmi nous des crises de nostalgie, des accès de tristesse qui lui inspirèrent d'ailleurs de beaux vers, des périodes de mélancolie issues du sentiment si aigu chez lui de la solitude. Il ne découvrait pas autour de lui cette sympathie dont les hommes s'entourent volontiers les uns les autres dans les vieilles colonies créoles, cette magnificience qui ne trahit pas la beauté, non plus que l'atmosphère de gaieté où s'enferme volontiers le paysan noir et qui restitue à l'artiste fatigué par le climat une bonne humeur favorable à l'optimisme. Il me plaignait volontiers d'être méditerranéen et de vivre parmi des montagnes farouches et des gens dont la mentalité n'avait pas encore dépassé celles des héros homériques prompts à se méfier de l'étranger et de ses ruses. Pour Nau ce n'était pas de sauvagerie que manquait l'indigène algérien, c'était de pittoresque. Toutefois, en dépit de cette prévention il était difficile de trouver deux hommes lui et moi, qui eussent plus d'affinités dans le caractère et les idées. Nau a été l'une des grandes amitiés de ma vie, au même titre que Coppolani le conquistador, que le condottière colonel Frèrejean, qu'Isabelle Eberhardt la pitoyable.

Il perdra sa mère le 10 mars 1909 et quittera précipitamment Alger pour se rendre à Paris (dont il jugeait le climat en tout temps insupportable).

En octobre 1909, il s'embarquait pour la Corse, il y résidera pendant près de sept ans, d'abord à Porto-Vecchio, puis à Ajaccio. Il quittera cette ville en 1916 à la suite d'un deuil de famille et reparaîtra à Rouen en septembre. Il s'y déplaira vite et si bien qu'en mars 1917 il viendra s'établir à Tréboul où il mourut le 17 mars 1918.

J'ai noté dans mon journal le 9 avril 1920 :

« J'ai eu une entrevue avec Royère à son bureau. Longue causerie de deux heures et plus. Je soutiens qu'il est nécessaire de publier la correspondance de J.-A. Nau afin de montrer au public un autre aspect de l'écrivain, si amer et ironique dans son œuvre. Les personnages de ses romans apparaissent toujours crispés. Il me narre avec détails l'agonie de Nau, mort d'un cancer au pharynx. Après sa mort un sourire de saint se jouait sur ses lèvres ; il ne s'est pas vu mourir, mais, à tout hasard, il s'était confessé au préalable. Pendant sa vie il avait été un grand fumeur et un grand buveur. Il était très misanthrope et fort peu bavard, même avec Royère qu'il aimait beaucoup (et qui certainement parlait pour deux). Il se détendait dans ses lettres. Sa femme plus âgée que lui, arrivera demain à Paris et descendra chez les Royère... » (1).

Dans son privé, c'était un maniaque de la propreté ; il passait plusieurs heures par jour à sa toilette, se lavait les mains trois ou quatre fois dans des savons différents, comme le chirurgien qui se prépare à pratiquer une opération ; il aurait fait, tant était minutieuses les précautions qu'il prenait contre les microbes, dont il avait peur, haïr la propreté. Il était aussi toujours très correct dans sa mise.

Nau n'aimait pas d'écrire en prose.

Il possédait une petite fortune qui lui permettait de vivre dans l'aisance ; et il avait été jadis très riche. Sa femme vivait dans la crainte presque morbide de perdre ses dernières ressources et finissait par lui faire partager ses appréhensions.

Tel était l'homme dont j'ai été l'ami.

R. R.

---

(1) Nau avait un frère qu'il ignorait : Charles Torquet. Il brilla dans les Lettres et le Journalisme. Il mourut en avril 1938, en laissant une œuvre qui, ainsi que la qualifiait notre camarade Jean Valmy-Baysse, demeurera « nombreuse, pittoresque, riche d'images et d'actions, un document de notre époque ». (R. R.).

A propos de la Correspondance
de John Antoine NAU avec Robert RANDAU

Fort lettré en grec, latin et français, il s'exprimait couramment en anglais et en espagnol. Il ne correspondait assidûment qu'avec peu de personnes : Jean Royère, Félix Fénéon, Lucien Descaves, Gustave Geffroy, Guy Lavaud, Toussaint Lucas et moi-même. « J'ai vécu dans son intimité, remarquait Jean Royère, le poète qui fut l'un de ses plus chers amis, mais c'est surtout dans ses lettres qu'il m'a parlé, car *ses lettres sont incomparables* ».

« Quelles lettres exquises il écrivait, note de son côté Lucien Descaves qui lui a consacré des pages touchantes. C'est l'épistolier le plus enjoué, le plus primesautier que j'ai connu. Sa timidité l'abandonnait comme par enchantement dès qu'il prenait la plume pour écrire non pas un mot, mais ce qui s'appelle une lettre. Il amusait son cœur en exécutant devant un ami cher des exercices variés sur la page blanche. Il ne savait pas faire autre chose et nous demandait pardon en nous éblouissant. Jamais une méchanceté. »

Dès que me fut révélée son œuvre, dès que nous eûmes échangé quelques lettres, j'admirai la profonde originalité de son style, son ironie vengeresse des sottises de l'existence, le plaisir qu'il éprouvait à décrire une psychologie rare, la délicatesse de sa sensibilité ouverte à tous les vents de l'esprit et du large. En poésie il a été un haut précurseur du surréalisme, bien que son art, tout en subtilité et en nuances ne se rattachât à proprement parler à aucune école.

Les lettres que m'écrivait Nau ont déjà paru en feuilleton dans la revue *Belles Lettres* en 1921, avec le complet agrément de Madame veuve Nau et de l'exécuteur testamentaire de l'auteur, Jean Royère. Cette publication ne me plaisait pas ; elle était déparée par des lacunes et des fautes grossières : colonial, j'avais été à cette époque détaché en mision dans la région de Tombouctou.

En 1933, Montfort, directeur alors des *Marges*, voulut, à la recommandation de Royère, donner une réédition de ces admirables épîtres, pour la plupart relatives à la guerre. Il s'adressa, pour accomplir son projet, à Royère. Celui-ci négligea de m'informer des intentions du directeur des *Marges*, dans l'ignorance où il se trouvait de ma résidence, m'écrivit-il par la suite, et de mes projets, tout en s'excusant. (En vérité j'ai beaucoup roulé à travers le monde.) Par hasard j'étais à cette époque en congé administratif à Alger. Certain matin, le critique François Peyrey (ancien rédacteur du quotidien *Excelsior*, me signala que depuis quelques semaines les lettres que m'avait adressées jadis Nau paraissaient à titre d'échantillon dans les *Marges* (cette publication était autorisée par Royère, en qualité d'exécuteur testamentaire de Nau). A ce coup je me fâchai et dépêchai à Royère une lettre un peu véhémente où j'invoquai mon droit de propriété exclusif sur la correspondance expédiée à mon nom par Nau. Sur ces entrefaites Montfort m'expédia le paquet d'épreuves qu'il avait reçues de l'imprimeur et dont les *Marges* annonçaient la réédition prochaine en volume.

A les parcourir je constatai qu'elles reproduisaient les lacunes et les fautes de l'édition originale en les aggravant à l'occasion. C'était une abomination. D'où, chez moi, un surcroît d'irritation. Montfort n'accepta pas, comme trop onéreuses les corrections que je lui proposai. De mon côté j'étais décidé à ne permettre que la publication d'un texte correct et rigoureusement conforme à l'original. Je tenais uniquement à servir, par ce petit ouvrage, la mémoire de mon ami. Le consentement de Madame Nau m'était acquis. Une lettre de Royère du 8 mai 1933 dont voici un extrait m'en avait informé :

« ... vous comprendrez ainsi la peine profonde que m'a causée cette lettre
« de Montfort..... Madame Nau est très vieille, malade et ne vit plus que
« dans le souvenir de son mari adoré. Elle me presse constamment de con-
« tinuer à servir sa mémoire, à le rappeler, à le louer. Elle savait que ces let-
« tres devaient paraître. Elle en montrait une joie touchante. Elle a pour
« vous autant d'admiration que d'estime et d'amitié. Vous ne pouvez pas.....
« lui causer un tel crève cœur dans les derniers mois qu'elle a encore à
« vivre, Dieu aidant..... » Suivaient des exhortations pathétiques. Par consé-
quent, non seulement Madame Nau autorisait la publication, mais aussi elle la désirait passionnément. Il me fut donc possible de publier le recueil à l'heure qui me convenait.

D'autre part, voici pourquoi la publication de ces lettres était souhai-
table, toujours d'après Royère. «..... Quand je passai en revue les lettres
« que je possédais, j'ai vu qu'il n'y avait de possible pour la publication que
« cet ensemble de lettres que vous aviez déjà consenti vous-même à rendre
« publiques. Celles à moi adressées sont trop intimes et sans intérêt pour
« le public. Tandis que ces lettres à Randau sont belles, vivantes, éclatan-
« tes même, nourries de pensées, colorées, prestes et nimbant vos deux
« fronts..... »

En l'an 1944, l'éditeur algérien Charlot me proposa de publier dans sa firme la correspondance de Nau. Je lui en remis à Alger une copie qui fut examinée par ses lecteurs habituels et jugée par eux une sorte de joyau littéraire des mieux ciselés. Vers cette époque l'éditeur algérien transporta à Paris le siège de ses affaires. Le temps passa ; il se lança dans une série d'entreprises, au cours desquelles le manuscrit fut égaré ; j'avais eu heureusement la précaution d'en garder une copie.

D'une harangue à sa mémoire
dite en 1923 à Paris.

Au cours de l'hiver 1923, les vieux amis de Nau et ses admirateurs, au nombre de quatre ou cinq douzaines, se réunirent à Paris en un banquet, donné à l'invitation de Jean Royère. A la fin de ces agapes j'avais été convié, ainsi que quelques autres, à célébrer selon nos pauvres moyens les mérites du poète disparu, qu'en général peu de nos amis avaient connu de son vivant.

Et c'est alors qu'avant de boire quelque mousse de champagne à la mémoire du camarade parti le premier, je célébrai la piété exemplaire et fra-
ternelle de Royère pour le poète des Soirs, sur les grèves en feu des îles Caraïbes ; il devait être aussi remercié d'avoir assemblé autour d'un repas à la fois frugal et compliqué des convives à la dévotion des Muses, qui accor-
daient aux mots et aux images une signification subtile outrepassant les limites du plat réel. Cet hommage était rendu à qui en était digne. J'évoquai la curieuse figure du grand veilleur de la Caravelle qui glana dans les sava-
nes et sur les mornes les jeux du soleil au dernier spasme du crépuscule, l'ombre profonde des couverts, le coup d'éventail des cocotiers qui nous pré-
parent à l'harmonie dans la nuit. A telles oraisons, Nau mêlait aussi des souvenirs de l'arrivée de la dernière image du soir à qui le poète est toujours indulgent.

Cet exotique, qui allait plus loin que les autres dans le culte de la couleur et de la lumière, fut l'idéaliste fervent d'une vision fantasque et profonde du monde. Il agrandissait sa vision à la vivre ; il la vivait avec intensité, par crainte qu'à l'improviste elle fut sans lendemain. Quand il échappait à la hantise de la splendeur (et le soleil appartenait pour lui à une apocalypse de la matière) il devenait le spectateur ironique, mais indulgent, des activités humaines ; en ceci il fut romancier. Il avait par moments comme une sorte de méfiance de l'idéalisme ; il en redoutait les excès. Il ne dégageait qu'avec peine le lyrisme du réalisme. Par défiance des écoles littéraires il se tenait volontairement à l'écart de la vie des lettres. Il ne sera pas commode de restituer à cet original de l'esprit une place légitime dans le monde de son labeur.

Il se gardait de tout ce qui ressemblait à la vérité et se défendait d'être photographié. Il n'était pas loin d'admettre que la folie comporte un élément démoniaque et surtout une intervention de l'esprit malin. Son livre couronné se raccordait ainsi à l'ensemble des œuvres que Huysmans avait écrites sur la mystique catholique ou naturelle.

Je viens par une sorte de miracle de retrouver le texte que j'avais arrêté de prononcer à l'occasion de cet anniversaire. Je pense qu'il offrira aujourd'hui quelque intérêt.

« Mesdames et Messieurs,

« C'est en qualité d'ancien président et de membre actif de l'Associa-
« tion des écrivains algériens que je prends la parole à la fin de ces agapes
« où se sont groupés, avec les vieux camarades de Nau, ses admirateurs de
« plus en plus nombreux. J'apporte de la part des intellectuels de notre
« grande Berbérie française, l'hommage le plus respectueux de notre admi-
« ration à la fois au poète génial, au romancier exquis que fut l'auteur le
« plus méconnu peut-être de notre génération, et à cet apôtre de l'amité, à
« Jean Royère dévoué corps et âme à la mémoire du cher disparu, à Jean
« Royère que la postérité placera au même rang que Nau dans l'intellec-
« tualité.

« Un poète est un homme en qui se retrouvent tous les hommes, un
« humoriste qui exprime la beauté qui ne sait point s'exprimer demeurée
« à l'état latent chez les autres hommes. Nous voulons célébrer Nau, parce
« que ce poète ébloui a dit les nuances infinies de la lumière tropicale, et
« d'autant mieux qu'elle avait en lui des correspondances subtiles qui met-
« tent en communion frémissante l'artiste et la matière par lui transposée
« en rythmes ardents, les valeurs d'aimer et les couleurs les plus passion-
« nées de son être et du nôtre; parce qu'à ces valeurs comme à ses paysages
« et à ses rêves il a mêlé les somptueux jeux du soleil antillais épars sur
« ses champs de pierres, les crépuscules sur les grèves des Caraïbes, les
« nuits de la Corse, les voluptés d'Alger.

« Il fut à un haut point l'écrivain représentatif des sommets de l'intel-
« lectualité française ; il fut d'abord l'idéaliste fervent d'une vision fréné-
« tique et juste du monde, et en ceci il était poète. Il savait voir, aimer le
« spectacle et le savourer comme une friandise : il était romancier, aimait
« de raconter l'histoire qu'il disait et qui la prolongeait en l'agrandissant.
« Il s'efforçait sans cesse de nous faire pénétrer dans les possibilités de plus
« en plus poétiques, voire les plus ténues de son ciel, et en ceci il était
« artiste original. Il savait qu'il peignait vivant et en éprouvait une sorte
« de timidité. C'est à cause de cette timidité qu'il se tint à l'écart du monde
« des lettres et ainsi il fut méconnu.

« C'est à nous qu'il appartient de restituer à ce puissant écrivain sa
« place légitime dans la littérature française.

« Il croyait que d'écrire exact était un devoir qu'il assumait envers le
« passé. Il s'excusait, comme d'une impertinence, de son audace de croire
« qu'après sa mort son nom fût glorifié, son œuvre acclamée, sa vie donnée
« en exemple aux petits enfants des écoles ; car il souhaitait de se pro-
« longer dans la mémoire des hommes, et il y apportait quelque naïveté.

« Et c'est pourquoi je vous demande de joindre vos signatures à la
« nôtre sur la requête que Royère, je n'en doute pas, mettra au plus tôt
« sous les yeux de notre gouverneur général en vue de faire donner le nom
« de notre grand ami à une rue d'Alger ».

Les démarches que nous tentâmes par la suite auprès des autorités
algériennes demeurèrent sans effet. Le poète Nau n'eût point sa rue à Alger.

L'Œuvre posthume

Au lendemain de la mort de Nau, les vieux amis de l'écrivain décidè-
rent de publier sur lui un livre en collaboration. Lucien Descaves devait
traiter de l'*épistolier*, Gustave Geffroy du *romancier*, Fénéon du *poète*, Jean
Royère de l'*homme* ; je fus invité à juger Nau *peintre et romancier de l'Algérie et des Tropiques*.

« Il n'aimait pas Alger, disait Royère dans une missive du 15 février
1919 ; il n'aimait que *le pays où frémit l'éternelle chaleur* et il n'aimait pas
les *civilisés*..... Quant à sa correspondance c'est peut-être son chef-d'œuvre et il y aurait intérêt à la réunir. Mais il faudrait choisir très soigneu-
sement les lettres qu'on envisagerait de publier, car Nau avait horreur de
l'exhibitionisme et de révéler son *moi* au public... Il me suppliait toujours
de ne pas parler de *l'homme* dans mes articles sur lui. Il fulminait contre
la publication des lettres de Baudelaire..... Il y a une revue qui va paraître
incessamment à Tunis : *le Douar ;* rédacteur en chef Léon Madlyn. Le connaissez-vous ? Ce monsieur m'a écrit deux fois pour me demander ma collaboration ; il m'a parlé de Nau qu'il a un peu connu. Il annonce pour demain un numéro spécial consacré à Nau ! Accepteriez-vous de collaborer à
ce numéro en projet, que je veux demander à l'auteur de me soumettre
aussitôt que possible ? Nous échangerons nos copies respectives ? (car je me
méfie des *jeunes* et suis en quelque sorte tenu pour responsable de certaines
de leurs sottises)..... »

«..... La fin de la correspondance paraîtra en juin. Ces lettres sont bien
accueillies. Montfort entre autres m'a déclaré qu'il les trouvait admirables.
Le succès de ces diverses publications et d'autres analogues sur Nau, dans
d'autres revues, nous a donné l'idée de fonder un groupement que nous
avons intitulé *Les Partisans de Nau*. Cette société aura pour objet de ré-
pandre son œuvre et de célébrer son nom. Le bureau en est ainsi composé :
président, Jean Royère ; vices-présidents, Marius-Ary Leblond, Guy Lavaud ; commissaire général, Toussaint Lucas ; trésorier, secrétaire et archi-
viste ; trois enthousiastes admirateurs de Nau et qui l'ont proclamé leur
maître. Car ce sont les jeunes qui feront tout l'intérêt de ce groupement. La revue *Plume au vent* en deviendra l'organe. Nous organiserons
des banquets, soirées, conférences, études de presse et solennités diverses,
réunions bi-mensuelles au *Café de l'Univers*, le soir, enfin éditions et réédi-
tions d'ouvrages de Nau. En réalité, c'est le groupe de *La Phalange* que je
tente de reconstituer..... »

Depuis cette époque tous ces projets sont allés à vau-l'eau. Et pourtant,
pendant de longues années, Royère et ses amis donnèrent chaque année des

conférences où ils glorifiaient et commentaient l'œuvre de Nau et auxquelles les forces jeunes étaient assidues. Nau a toujours représenté un des aspects de la poésie d'avant-garde dans le lyrisme contemporain. A ce jour celui-ci le considère comme un précurseur. Prosateur il se rattache, par la beauté d'un style original, nombreux et fertile en trouvailles, aux grandes traditions classiques françaises. Ce viking qui a gardé ses ardeurs frénétiques au combat ne doit pas tomber dans l'oubli. Tôt enlevé à l'affection de ses amis, Nau est mort à son heure ; il n'aurait jamais pu s'habituer aux cafouillages du style zazou, qui tant est à la mode dans nos revues modernes et qui, chez nos cacodidactes, est la marque de l'affligeant sacrifice de la clarté de l'intellect et de la construction ordonnée des états de la pensée.

« Nau a laissé, écrit Jean Royère en 1922, un roman inédit sur la Corse, *Thérèse Donati*, œuvre importante achevée plusieurs années avant sa mort. Il laisse douze poèmes inédits dont j'ai publié quelques-uns dans de petites revues ; ils paraîtront en librairie bientôt sous le titre *Poèmes mystiques* (arrêté par Nau). Il y a aussi un recueil de nouvelles sous presse chez G. Crès, *Histoires exotiques*. Enfin j'ai aussi un long poème dramatique intitulé *Niseïs* (fresque sicilienne mythologique) que je n'aime pas beaucoup et qu'il n'aimait guère non plus. Je n'ai pas l'intention de le publier..... Je pense constamment à Nau et comme s'il n'était pas mort, mais sa mort m'a porté un rude coup. J'en ai terriblement vieilli. Ça et la guerre ! Du reste, c'est de la guerre qu'il est mort. Il va y avoir un an, un an le 17 mars. Sa femme ira à Tréboul pour l'anniversaire et je l'accompagnerai peut-être.....»

Un an plus tard, Royère avait déjà publié *Les Galanteries d'Anthème Budin*, chez Albin Michel et confié *Les Trois Amours de Benigne Reyes* à l'éditeur Crès. Ces deux livres appartiennent à l'œuvre exotique de Nau et le second sera le couronnement de cette œuvre.

A *Thérèse Donati* paru en 1921, Royère donne une longue préface qui est une biographie fort minutieuse de Nau, dressée après de longues et difficiles recherches. (A cette époque il m'entretint de la publication des admirables lettres que Nau m'avait écrites.)

En avril 1922, la revue *Belles-Lettres* consacrait un numéro au poète. C'est un hommage très impressionnant et qui a eu un retentissement énorme.

*
* *

Nau est un écrivain qui survivra à son époque. *Armand Godoy* dit du poète, dans le beau livre qu'il consacra à *Milosz*, qu'il appartenait à la même école lyrique que le poète lithuanien, que *Francis Jammes* et que *Tristan Klingsor*. A son sentiment *Au seuil de l'espoir* de Nau se rattachait à *Dans un pays d'enfance* de Milosz ; Godoy estimait qu'il existait des analogies entre les vers polymétriques de La Fontaine et ceux de Nau. Il déplorait chemin faisant que Nau, pur poète et bon romancier fût tombé de nos jours dans un injuste oubli ; mais celui-ci a sa cause dans les événements politiques des dernières années. Nau n'est pas plus oubliable que Villiers de l'Isle-Adam, Verhaeren, Huysmans et Mirbeau. Il appartient à la lignée des grands artistes français.

Robert RANDAU.

BIBLIOGRAPHIE

VERS

Au seuil de l'espoir.............. (Vanier, 1897).
Hiers bleus .... (Messein, 1904).
Vers la fée Viviane .... (La Phalange, 1908).
En suivant les goélands .... (Crès, 1914).

Force ennemie	(La Plume, 1903. Roman réédité par l'éditeur Flammarion avec préface de Lucien Descaves. *Prix Goncourt* le 21 décembre 1903).
Le prêteur d'amour	(Fasquelle, 1905 ; roman).
La Gennia	(Messein, 1906 ; roman).
Cristobal le poète	(Ollendorf, 1900 ; roman).
Thérèse Donati	(Ed. Crès, 1920 ; roman).
Les trois amours de Benigno Reyes	(Crès, 1923 ; roman).
Les galanteries d'Anthème Budin..	(1910 Paris-Journal - 1923 Albin Michel roman).
Archipel caraïbe	(Ed. Excelsior 1929).

LES LETTRES

I

Alger, le 7 novembre 1907.
11, rue Marey.

Mon cher Confrère,

Je vous remercie bien de m'avoir envoyé votre beau roman « *Les Colons* », que j'ai lu avec infiniment d'intérêt (1). Il est certain que je ne puis pas me donner pour un homme très familier avec l'Algérie, que je n'habite que depuis dix-huit mois, mais j'ai été frappé de la puissance évocatrice qui est en vous et qui a rendu cent fois plus vivantes les impressions que j'ai du pays.

----

(1) J'avais, en 1897, débuté aux lettres, à Paris, avec un roman, bien oublié, de mœurs juives marocaines : *Rabbin*, écrit en collaboration avec Sadia Lévy; appartenu, en 1898 et 1899, à la mission dite des *Compétences techniques* organisée par le général de Trentinian au Soudan français, parcouru avec Coppolani les territoires nomades du Sahel soudanais et de l'Azaouad, poussé avec lui une pointe sur Araouan, à 300 km. au nord de Tombouctou, été affecté aux communes mixtes d'Algérie de 1900 à 1905, publié plusieurs plaquettes de vers : *Autour des feux dans la brousse, Crépuscules aux cabarets, Les dires de celui qui passe*. En 1905, je fus, à la *mission Tagant-Adrar* (Mauritanie saharienne), le second de Coppolani, qui était assassiné, le 12 mai, dans son camp de Tidjikdja. Je m'attachai dès lors à l'Afrique Occidentale que je ne quittai plus. Ce fut l'excellent poète Jean Royère qui me mit en relations avec J.-A. Nau. Ces détails sont indispensables à l'intelligence de certains passages de la présente correspondance.

Vous avez écrit là un très fort, un très puissant livre, admirablement africain. Il me semble que mille choses qui m'échappaient prennent, à présent, forme et couleur pour moi.

Et je ne parle pas de l'immense plaisir artistique que j'ai goûté en lisant ces pages si robustement écrites, si sapides, si diaprées, si lumineuses (2).

Puisse l'Algérie produire quelques romanciers comme vous, et les lettrés français connaîtront de nombreuses, de nouvelles et de belles émotions d'art.

Veuillez agréer, mon cher confrère, l'expression de ma cordiale admiration et de ma sincère sympathie.

John-Antoine NAU.

Merci encore d'avoir pensé à moi.

---

(2) Il est licite au lecteur de sourire à de tels compliments qui sont de coutume entre gens de lettres lorsqu'ils échangent leurs ouvrages. C'est là simple politesse; elle n'a pas plus de rapports à la réalité que les termes excessifs dont usent couramment les Italiens dans leurs ordinaires missives : ainsi les mots *illustrissimo signor* correspondent au *cher Monsieur* de la littérature épistolaire française.

II

Alger, le 15 septembre 1912.

Merci, mon cher Confrère, pour le mot très gentil que je trouve dans votre dernière *Lettre de la Brousse*. (*Phalange* du 20 août) (1).

Forte et amicale poignée de main.

John-Antoine NAU.

---

(1) Je collaborais en ce temps-là à la *Phalange*, revue que rédigeait Jean Royère, à qui j'envoyais, de Dakar, où j'étais attaché au *Bureau politique*, des *Lettres de la Brousse* où il était question des choses indigènes. J'avais dirigé, de 1905 à 1908, une mission d'enquête sur l'Islam africain qui me conduisit, dans la dernière année, jusqu'à Mogador, au Maroc.

III

Porto-Vecchio (Corse).
Tournant de la Marine.

7 décembre 1912.

Mon cher Confrère et Ami,

Je vous suis très reconnaissant des lignes très sympathiques que vous avez bien voulu consacrer à mon « salaud » de *Cristobal* (1) dans votre dernière *Lettre de la Brousse*, qui m'a fortement intéressé.

Si je n'étais pas, comme toujours, en hiver, horriblement bronchiteux et vilainement tourmenté de névralgies, il me serait plus qu'agréable de causer longuement avec vous des étonnantes moukères qui s'en vont dans l'Amérique du Sud et dont j'ai connu des échantillons, — de votre délicieux kadi et de tous les personnages très « vivants » et très « prenants » qui peuplent vos lettres de la brousse.

A propos, ou plutôt hors de propos ? Est-ce vrai ce qu'on me raconte au sujet de Rufisque, petit coin qui, sur une côte assez sèche, serait un paradis de verdure forestière et une courte région d'admirable salubrité ? Si je vous ennuie, n'en parlons plus, mais si vous pouviez me donner deux lignes de renseignements sur ce patelin, je vous serais fort reconnaissant (2).

Merci encore, mon cher confrère et ami, de vos lignes si bienveillantes. Voici la fin de l'année. Permettez-moi de souhaiter que l'an 1913 qui va nous « tomber dessus » soit particulièrement heureux pour vous et qu'il affirme encore votre réputation littéraire qui devient de plus en plus belle.

Veuillez croire, mon cher Confrère et Ami, à mes sentiments les plus cordiaux et les plus sympathiques.

John-Antoine NAU.

----

(1) *Cristobal le poète* est un très vivant roman algérien que venait de publier Nau et dont les héros sont de petites gens d'Alger.

(2) Grand port de la Côte occidentale d'Afrique, à une trentaine de kilomètres de Dakar. Il s'y fait une très importante traite d'arachides. Le *paradis de verdure* dont parle Nau se réduit à une belle galerie forestière sur le marigot de Sangalkam, constellé de fleurs d'eau, aux environs de la ville.

— 13 —

IV

PORTO-VECCHIO (Corse).
Tournant de la Marine.

18 janvier 1913.

Mon cher Confrère et Ami,

Je vous remercie beaucoup d'avoir répondu si aimablement à mes questions sur Rufisque. Décidément, ça ne vaut pas les Antilles.

Alors, vous avez traversé une épidémie de fièvre jaune ! Ce doivent être de vilains moments à passer quand on a femme et enfants. Je suis bien heureux qu'aucun des vôtres n'ait été atteint. Aux Antilles, quoi qu'on en dise, la fièvre jaune est très rare. J'ai habité la Martinique, la Guadeloupe, et même un peu Haïti et n'ai jamais entendu parler que de *vomito* sporadique.

Enfin tout est bien qui finit bien et j'espère que la fâcheuse maladie ne reparaîtra jamais au Sénégal pendant le temps que vous y passerez encore.

Royère (et du reste, tous ses lecteurs partagent son avis) Royère trouve très intéressantes vos *Lettres de la Brousse*. Vous ai-je remercié du passage si aimable que vous consacriez à « Cristobal » ? Si je ne l'ai pas fait, je veux vous dire à quel point je vous ai été reconnaissant de ces lignes qui m'ont fait le plus grand plaisir. J'ai aussi beaucoup goûté le passage relatif aux actrices dépaysées dans le Sénégal noir (1), avant leur envolée vers les champs de piastres des « buenos rastacueros » (ò mejir dicho : rascacueros en castellano legitimo).

L'année actuelle me verra peut-être à la Guadeloupe, vers novembre, dans cette Guadeloupe, patrie du romancier Léon Belmont, moins connu que son compatriote Adolphe Bellot, mais beaucoup plus pittoresque et plus savoureusement tchatcha (2) (ce qui signifie : petit créole sans pose, tout simple et très couleur locale — étymologie : tchatcha, petit poisson — sans blague). Je souhaite que votre carrière coloniale vous amène dans

---

(1) Les troupes théâtrales allant de France en Amérique du Sud faisaient escale à Dakar où parfois elles donnaient au passage une représentation.

(2) Prononcer tiatia.

cette belle île à l'époque où nous y serons. D'abord, je serai ravi de vous connaître enfin, puis vous y verrez des types très curieux et sympathiques encadrés par une nature splendide. Il n'y a que la satanée politique qui gâte un peu ces admirables Antilles, sans cela les gens seraient exquis; ils demeurent très agréables malgré leurs fureurs contre les « dépités et sénatés vendis ».

J'espérais une candidature nègre pour la Présidence de la République, mais puisque ni Guadeloupe, ni Martinique, ni Bourbon ne marchent, ne trouvera-t-on pas un Khassonkhé, un Ouolof, un Bambara ou un Toucouleur qui accepte de ceindre la couronne de soie noire à haute forme et d'empoigner le sceptre de Grévy Ier. (En l'espèce une queue de billard dorée et incrustée de menues gemmes) ?

Merci encore, mon cher confrère et ami. Espérons que je vous rencontrerai bientôt aux Antilles ou plus près d'ici. Mes hommages respectueux à Madame Arnaud. Une bonne poignée de main pour vous et croyez-moi votre tout dévoué ami (1).

John-Antoine NAU.

Que 1913 vous favorise de toute façon, vous et les vôtres.

---

(3) Dans sa plaisante exubérance, Nau prête aux indigènes de race Ouolof qui peuplent le Sénégal, les défauts de prononciation des créoles inhabiles à prononcer les *r*. On sait que l'Ouolof appartient à la famille ethnique des Bantous; les esclaves antillais étaient originaires du Dahomey.

*
**

V

PORTO-VECCHIO (Corse).
Tournant de la Marine.

24 mars 1913.

Mon cher Confrère et Ami,

Vous devez, en effet, rencontrer d'admirables nègres ! Moi, ces bougres-là font mon bonheur. Il y en a de grands comme le monde, même parmi les très civilisés, ceux d'Haïti ou de la Martinique, par exemple. Je leur préfère les mulâtres si fort vilipendés par les romanciers de 1825-1860, et en réalité généralement

susceptibles de haute culture tout en gardant un petit côté pittoresque bien à eux; mais les braves nègres font joliment bien sur
un fond de cocotiers, de cachimans, de manguiers et de bois-
canon. Et ils ont un culot ! Un Haïtien d'un noir très pur me
disait une fois : « Je lis volontiers Victor Hugo; mais, ce qui me
fâtigue, c'est de twouver toujou' mes pwopwes pensées dans les
vé et les pwoses de ce gwand écwivain. Faudwait que je sois
plis difféwent de lui pou' le goûter complètement avec le wecul
nécessai'. » Il est maintenant distillateur de rhum et tafias. Les
braves tchatchas ou tiatias mâtiniquais ou guadeloupéens sont
très gentils chez eux et d'une hospitalité admirable. Si vous ne
mettez pas leur maison à l'envers ils ne sont pas contents et se
figurent que vous n'éprouvez pas pour eux une sincère sympathie. Et puis les Antilles, quel pays ! Grâce au ciel merveilleux,
à la splendeur de la végétation, à la griserie qui est dans l'air
on vit là-bas dans un poème et dans un poème qui serait amusant et rigolo sans cesser d'être féerique.

Ah ! vous connaissez les *Iles fortunées ?* J'ai fortement
pratiqué Santa-Cruz de Ténériffe et le Puerto de la Orotava.
Ça ne vaut pas les Antilles et Santa-Cruz, malgré son Alameda
et son Paseo de los Coches, exhibe un paysage bien aride. Mais
le Nord de l'île renferme quelques coins très beaux. J'aime
moins Las Palmas et en général la Grande Canarie. Une belle
île bien verte et séveuse c'est la Palma, au N.-O. de Ténériffe
(ou Tenerife selon l'orthographe du pays). Je connais beaucoup
de Canarios et Tinerfeños qui sont de très braves gens. J'ai une
filleule au Puerto de la Cruz de Orotava (Tenerife). Viva España.

Vous êtes trop gentil de dire que vous aimez mes bouquins;
moi j'ai un goût énorme pour les vôtres. Ils évoquent splendidement l'Algérie. C'est très puissant. Et il y a des conversations
entre « cagayous » (dans les « *Colons* ») qui me feraient revoir
les types estomirants de Bab-el-Oued et du Hamma avec une
netteté effarante. Je criais toujours contre Alger quand je l'habitais et maintenant je me rappelle avec attendrissement ma rue
Marey, la Fontaine-Bleue, le chemin Kablé, le chemin de Gas-
cogne, l'avenue Yousouf et le Télemly donc ! Et tous les éton-
nants caboulots de Mustapha, depuis le Café des Pyramides
jusqu'au café Victor Hugo! Et quels types admirables! Les gami-
nes de Mustapha-Belcourt, quel culot ! Et leurs mères (généralement dames galantes de leur principale profession !). Nous
avions une petite voisine de douze ans qui engueulait notre
proprio, le père Fleck, prafe alsacien plus que sexagénaire, et
lui criait : « La barbe ! ferme ça, barbouillé ! La ferme, j'te

dis ! « Sa mère avait de continuelles disputes avec les marchands de légumes et je l'entendis une fois clamer à vingt reprises, d'une voix désespérée, en montrant un chétif « Bono salade, tu sais la Madame » qui lui avait parlé impoliment : « Il n'y aura pas un homme pour lui f.... un coup de pied dans les c.... ! »

C'était très drôle, Mustapha, et je m'y suis souvent furieusement amusé en m'y baladant avec mon copain Léo Loups (1) aujourd'hui juge de paix à Fort-National, mais, à cette époque, simple poète lyrique.

En Corse, c'est très beau et pittoresque, mais froid en diable, et puis les nobles banditti se gâtent. Voici qu'ils attaquent les diligences.... automobiles ! Et ils ont des opinions politiques. Ils crient : Vive Giordano ! ou Vive Caitucolo ! comme ils criaient jadis : Vive Balesi ! Ils me dégoûtent.

Mais voici que, sur votre invitation, je deviens fort bavard : Il est onze heures 30. Ma femme est couchée, je crois que je vais aller en faire autant. Vous ayant écrit, je crois que je rêverai de cocotiers sénégalais, de nègres en boubous, de vieux marabouts noirs aux chapelets munis de grains gros comme des œufs d'autruches, de Toucouleurs et de Bambaras, de Yolofs dansant et chantant *Anamalis Fobil !*

Je vous serre bien cordialement la main, mon cher confrère et ami, et demeure votre ami.

John-Antoine NAU.

------

(1) Le bon poète des *Lévriers*.

*
* *

VI

Porto-Vecchio (Corse).
Tournant de la Marine.

14 mai 1913.

Mon cher Confrère et Ami,

La presse est une belle chose : sous l'ingénieux prétexte que j'ai, en ce moment, du « coton » avec mon travail, il y a « des temps » que je n'ai écrit une lettre. Je dois avoir la vôtre depuis pas mal de jours et je la regarde de temps en temps pour me décider à y répondre. Il y a vraiment des époques où l'on n'est pas bon à jeter sur un fumier de banlieue.

J'ai trouvé très suave votre boy à préjugé de couleur. J'aurais voulu le voir avec son monocle. Alors, au Sénégal (1) c'est comme en Haïti ! Les noirs et les mulâtres se détestent : En Haïti cela va très loin, — jusqu'à la fusillade. Ont-ils peu de chance, ces pauvres Haïtiens, du reste très sympathiques, — surtout les mulâtres ! Ils avaient un Président décent. On le fait sauter comme un lapin, mais à la poudre ou à la dynamite. Ils en retrouvent un « progressiste », qui consent à ne plus se balader avec des uniformes funambulesques, à lâcher le chapeau-joko (à plumes), à trimballer des complets de pékin sage et des panamas tout comme les frères; — on l'empoisonne ! Le nouveau, qui s'appelle Oreste (gare les fureurs !) déclare qu'il se moque des opposants et qu'il saura maintenir l'ordre d'une main de fer.... Ayayaïe ! J'ai peur, car je sais ce que cela veut dire en français d'Haïti : la main de fer tient toujours un tube d'acier où il y a des balles. Il y a encore « du vilain sur la planche » dans la patrie de Dessalines et de Soulouque. Ici, en Corse, l'usage du fusil pour « tirer un adversaire politique » devient de plus en plus rare. Toutefois, cette année.... mais l'ordre semble revenu. Mais si le flingot est moins en faveur qu'autrefois, les mœurs commerciales deviennent singulières. Une boutique ne devient prospère que si son propriétaire a fait quatre ou cinq fois faillite. Les mœurs politiques, n'en parlons pas. Les électeurs passent leur temps à *taper* le député. Les gaillards qui ont passé par le maquis ont une façon très simple d'acquérir une propriété qui leur plaît : Ils tirent vingt à trente fois dans les vitres du possesseur qui finit généralement par céder quand les balles se sont trop approchées de son lit. On enregistre la *vente* et le tour est joué. — Avec tout cela, les Corses ne sont pas désagréables, ils ne font jamais de mistoufles aux étrangers; ils réservent leurs mauvais tours pour leurs compatriotes et encore j'exagère un peu en ayant l'air de croire qu'ils font leurs farces en tout temps, en tout lieu. Ah ! s'il y avait un climat coco-banane dans cette île amusante, ça irait tout seul ! Mais les hivers sont bien durs, malgré les topos des syndicats d'initiative. Si on pouvait « saper les bases » de la Corse, la faire flotter et la remorquer jusqu'aux Antilles où on la recollerait sur de nouvelles bases, je crois qu'elle deviendrait une terre paradisiaque.

____

(1) Je lui avais cité, il me semble, le dicton des noirs du Sénégal : le bon Dieu a fait le lait, il a fait le café; il n'a pas fait le café au lait.

Puis, j'ai eu une déception à l'époque où je croyais encore
aux bandits *pittoresques*. Il y en a, mais ils se montrent peu.
Un camarade m'en a fait voir un très *dangereux*, m'affirmait-il,
mais rabiboché mystérieusement avec la justice et les gendar-
mes : Hélas ! il allait dans la vie, porté par un *tilbury* sale, mais
prétentieux. Il avait l'air d'un abruti, s'était mis du coton dans
les oreilles, avait rasé sa barbe, ne gardant qu'une moustache...
de gendarme ! et ressemblait à Marcel Prévost ! Il portait bien
encore un feutre corse, mais il arborait une cravate à système
et, de sa classique veste en fauve velours à côtes, sortaient un
faux-col, du reste malpropre, et des manchettes ! J'en ai fait
une sorte de maladie !

Votre lettre m'a beaucoup intéressé, mon cher confrère et
ami; excusez la mienne pleine d'un bavardage décousu et vide
de malheureux gendelettre dont le turbin ne marche guère.

La plus forte poignée de main.

Votre ami,

John-Antoine NAU.

VII

PORTO-VECCHIO (Corse).
Tournant de la Marine.

5 juillet 1913.

Mon cher Confrère et Ami,

Toujours la belle flemme ! J'ai votre lettre depuis nombre
de jours (elle porte la date du 4 juin) et depuis j'ai roulé d'un
côté et de l'autre, songeant toujours à vous répondre, sentant la
dent du remords, et tellement inerte, malgré mes caravanes, du
reste modestes, que, depuis quelque temps, mes bouquins, prose
et vers, n'avancent plus. C'est le calme plat. Je me déclare à
moi-même que je deviens vieux, que je ne *veux plus* travailler,
que je renâcle devant tout, que j'aime mieux la mort qu'un
effort. Ce n'est pourtant pas le climat de Corse, climat excellent
comme celui de la Russie et du Canada, qui peut m'alanguir à
ce point. Je crois que c'est la *nostalgie* des Antilles et aussi et
surtout de toutes les colonies que je ne connais pas ! ! qui me

rend plus tchatcha qu'un nègre. A force de ne vivre imaginairement qu'avec des négros, dans un décor fantastique de cocotiers, de manguiers, et de frangipaniers fleuris, je deviens complètement nègre et me dis comme mes amis de la Martinique que « travail, ça douleu ! » que « moi pas capabe f....'engnien (rien) pièce (pas du tout) », etc...., etc. Je deviens une vieille vache !

Et puis, moi qui n'avais jamais su ce que c'était que la jalousie, j'enrage vilainement, dans mon second âge ingrat, de voir un tas de peigne-fesses gagner largement leur vie, quand mes bouquins sont toujours une occasion de pertes pour l'éditeur et de vestes pour moi. Je deviens mauvais, rageur et infect. Depuis que je recommence à pouvoir vivre sans trop d'inquiétudes, je me fais bien plus cupide que lorsque j'étais complètement ruiné, miteux et mouisard. Ah ! nous sommes une drôle d'espèce ! Cela ne m'empêchera pas de m'excuser bien sincèrement de ma paresse et de vous demander quelque indulgence pour les doléances de demi-repu, de relatif veinard que je ne vous aurais jamais faites si je ne savais pas que vous êtes né à quelques centaines de mètres à peine du coin de la rue Marey où j'ai passé quelques années de ma vie mustaphienne. C'est étrange que l'homme à demi ou aux trois quarts heureux soit bien plus pleurard que le pauvre bougre qui ne sait où se fourer !

Si Marcaggi, (l'auteur corse de guides, manuels, etc.) dit vrai, les Corses auraient quelques raisons de vous être très sympathiques. D'après notre Marcaggi, homme très estimable et, paraît-il, érudit, les dits Corses n'auraient pas une goutte de sang italien dans les veines (sauf par erreurs ou accidents). Ce seraient des Berbères (comme les Kabyles) venus de l'Afrique du Nord à une époque indéterminée et croisés d'un peu de sang arabe (lors des incursions des divers pirates dits barbaresques dans la Méditerranée). Du reste, ils sont souvent flegmatiques et mornes, les Corses, — pas du tout semblables aux joyeux Pulcinelli et *Papacoda* di Napoli, — plutôt châtains que bruns malgré des types très « bicots », — et leur accent diffère si bien de celui des braves Italboches, que ceux qui, sans trop savoir l'italien, comprennent *presque* toujours un romain ou un napolitain, n'y fichent plus goutte quand c'est un Corse qui parle. Ecrit (dans leurs almanachs ou essais de théâtre populaire) — leur dialecte se lit facilement pour un latin, malgré les siciliennes et sardes terminaisons en u, les aghiu, les stess, etc., etc. Les radicaux pédagogiques sont peu altérés s'il y a des déformations partielles.

Ces petits bonshommes ont souvent une raideur et une dignité sahariennes et leurs femmes paraissent aussi terribles au point de vue.... dirai-je conjugal ? — que les moukères du Djebel-Amour ou du Djurdjura. La réputation de chasteté des Corses est rudement surfaite. Dans la plupart des sales histoires du pays, quand ce n'est pas l'intérêt qui marche, il faut cher-cher.... la « petite passe anglaise ».

Les enlèvements de mineures vont leur train. Les mères des jeunes fugitives s'arrachent les cheveux et se griffent la figure; il ne leur manque que le truc de se cendrer la poire comme nos bons Youddis, mais six semaines plus tard on n'y pense plus et le couple irrégulier, retour d'Italie, de Provence, ou même d'une région lointaine de la Corse, reprend sa place au foyer familial. On se marie à quatre heures du matin et ça fait la rue Michel. Il n'y a que le curé qui s'en plaigne, — réveillé trop tôt et pas toujours invité au gueuleton. Oui, Mérimée me fait rire quand il parle de la chasteté corse : Les petites bonnes femmes et leurs.... petits amis ne pensent qu'à ça ! Somme toute, ces braves Corses peuvent avoir leurs défaut, mais, avec les étran-gers, ils sont parfaits !

Le bon Royère est toujours le meilleur de tous ! Je suis ravi qu'on ait eu l'idée de le faire décorer et suis jaloux (en-core !) de cette idée que j'aurais dû avoir le premier. (Ce qu'il a été épatant et bon pour moi, le pauvre Royère, je ne saurai jamais assez le dire).

Paul Adam, vous le savez, est très influent, malgré quel-ques mistoufles ennuyeuses qu'il a eues. Mais il ne s'agissait jamais que d'argent, et, comme il est fort honnête, tout cela s'est toujours arrangé. Oui, trop chieur d'encre, le pauvre Paul Adam ! Cinquante ? soixante volumes ? Je ne sais, mais il y en a bien *vingt* où il y a quelque chose. Royère m'affirme qu'il est délicieusement bon et qu'il a un coin de génie. Je n'ai eu affaire à lui que deux fois, par lettres, et il a été plus qu'aimable. Il cherchait à me faire mousser dans les milieux de presse, ce qui était gentil de sa part, vu que je ne lui avait rien demandé. S'il a trop écrit, ce que je crois comme vous, il laissera trois ou qua-tre bouquins de tout premier ordre. Vous rappelez-vous son « Essence de Soleil » ? Et il y en a quelques-uns comme cela. Oui, trop Balzac par l'abondance, notre ami, mais s'il n'a pu faire vivre *un être*, ce qui est encore vrai, il a quelquefois fait vivre des paquets d'êtres. Ça ne me séduit pas, moi, plutôt micrographe; ça manque de charme pour moi, j'aime cent fois mieux le sobre Gide, mon antipode à moi, furieux méridional d'outre-Atlantique, mais ce Paul Adam est un chic type. Royère assure qu'il a surtout le génie de la bonté. C'est quelque chose !

Bigre ! sept heures ! Ma femme m'appelle pour dîner. A la hâte, mais avec beaucoup d'amitié, je vous serre la main.

John-Antoine NAU.

*
* *

VIII

Porto-Vecchio (Corse).
Tournant de la Marine.

10 août 1913.

Mon cher Confrère et Ami,

Je vous remercie beaucoup de m'avoir envoyé votre livre si intéressant sur « *L'Islam et la politique musulmane française* » (1). Il y a là-dedans des choses que je ne soupçonnais même pas. La légende des Soninkés m'a plongé dans le trouble où j'étais quand, presque gosse encore, je lisais des choses, pour moi féeriques et terribles, sur l'Orient loufoc de l'extrême Iran et du mystérieux plateau central asiatique où les dômes des mosquées sont bleus, — d'un ovale allongé, un peu difforme et semblables à des fruits monstrueux et magiques. — Les noirs du Sénégal ont une imagination très curieuse, très inquiétante, très mille-et-une-nuits, avec un je ne sais quoi de plus étrange encore. Ce qui est moins délicieusement poignant, mais tout aussi bizarre, c'est leur façon d'arranger des légendes hébraïques apportées par leurs extraordinaires « voyageurs » qui ont *roulé à pied* dans toutes les terres de l'Islam et qui savent, en le déformant un peu, tout ce qui s'est passé dans le monde hy-

____

(1) *L'Islam et la politiqque musulmane française en Afrique occidentale française*, volume de 188 pages in-8° Etude rédigée à la demande du Gouvernement de l'A.O.F. et publiée en 1912 par le Comité de l'Afrique française à Paris. A la suite de cet ouvrage figurait *La singulière légende des Soninkés*, traditions orales sur le Royaume de Koumbi et sur divers autres royaumes soudanais recueillis par Robert Arnaud.

— 22 —

miarite-sémite à des époques pré-islamites : Esaü - Judith....
Ils ont arrangé tout cela. On peut aller à pattes du Fouta-Djalon
à la terre de Chanaan (sans passer par le fameux Yemen dont
ils abusent) (2), car le canal de Suez a été rudement longtemps
desséché depuis Néchao et aujourd'hui on peut le passer à la
nage bien plus facilement que les grands fleuves africains qui
se mettent en travers des itinéraires de footing négro. Mais c'est
surtout avant l'ère moderne qu'ils ont dû communiquer avec
l'Orient par le moyen des caravanes de marchands arabes encore non musulmans et bien incapables de prophétiser les cam-
pagnes de leurs descendants guerriers dans le Continent noir.
Précurseurs pacifiques, ce sont ces Arbis qui leur ont fourré
l'Yemen, l'Hedjaz, etc., dans la boule, aux bons nègres.

J'ai été aussi très intéressé par ce que vous me disiez dans
la lettre qui accompagnait le livre. J'espère pour vous un grand
succès et une « *autorité* » qui forcera les gros manitous coloniaux à compter avec vous et à vous donner des postes de plus
en plus beaux.

Je tiens à vous remercier non moins de l'amitié que vous
me témoignez dans votre lettre et qui ne rencontre pas un in-
différent.

Espérons que vous aurez un été sain, ce qui ne saurait
être plus impossible, au Sénégal qu'au Gabon, par exemple !
Le pestilentiel Porto-Vecchio, lui-même, est devenu très sain !
La fièvre jaune n'est pas très vieille, au Sénégal, me semble-t-il
bien. Elle disparaîtra plus vite que dans ses terres d'élection :
Saint-Thomas, la Havane, le Vera-Cruz, la Nouvelle-Orléans,
Rio, où elle ne se montre presque plus. On a dû commencer à
empoisonner les moustiques stégomyas au Sénégal, comme on
l'a fait avec tant de succès dans les pays « tchatchas » d'Amérique. On leur fiche un pétrole, gommé ou anisé à leur choix,
avec une autre saloperie que je ne me rappelle plus (mais une
purée à remplir un lac !) et les stégomyas crammsent, saoûls et
rigollards comme des baleines. Et puis la fièvre jaune ne peut
pas revenir tous les ans — sauf à Saint-Thomas, jadis.

Ah ! mon cher confrère et ami, vous me demandez si les
moukères corses fabriquent des gosses ? ?

Ayayaïe ! comme on dit à la Martinique ! Elles en déposent

---

(2) Les noirs islamisés de l'Afrique occidentale se vantent volontiers de descendre des tribus arabes du Yemen et surtout de celles des
Koreischites d'où le nnabi Mohammed ben Abdallah était issu. Ces légendes sont de fantaisie.

partout, elles passent leur vie à accoucher. Je crois qu'il ne faut jamais laisser sa clef sur la porte quand on sort : sans cela on retrouverait des gosses sur tous les meubles : Les familles de neuf, dix et même douze petits bicots corses ne sont pas rares. Une femme qui n'a que trois ou quatre enfants est honteuse d'elle-même. Je ne sais pas si elle va voir le médecin, mais elle doit en avoir envie. Vous vous asseyez sur un canapé : il sort cinq, six enfants de sous ce meuble, des loupiots effrayés du bruit des ressorts corses, toujours trop musicaux. Dans la rue, s'il y a quatre passants adultes, il y a vingt-trois mômes qui piaillent et grouillent. Il y en a dans les arbres, sur les toits, sous les tuiles, dans les rares caves ! Je finis par croire qu'il y en a qui voltigent dans l'air comme des moucherons.

Du reste, il ne faut pas le déplorer; la race vaut beaucoup mieux que sa réputation.

Merci encore de votre fort et intéressant livre. Merci de votre lettre. Je vous souhaite un été aussi doux que possible, sain, tranquille et dépourvu de moustiques.

Une solide poignée de main et croyez-moi votre tout dévoué ami.

John-Antoine NAU.

J'espère que Madame Randau passera quelques semaines agréables en Savoie. Je n'ai jamais été par là, mais on m'affirme qu'en été c'est délicieux.

*
* *

IX

Porto-Vecchio (Corse).
Tournant de la Marine.

2 octobre 1913.

Mon cher Confrère et Ami,

Vous devez vous ennuyer sans la famille, cette famille que nous maudissons quand nous sommes gosses et dont, hommes, nous avons un si terrible besoin. Voici, heureusement, octobre qui annonce la saison fraîche et le retour des Européens « sanatoriumisés » (!) au bercail Yolof.

Eh bien ! mon cher ami, vous clamez contre la viande sénégalaise. Que le prophète Mohamed (ou Mohammed) vous épargne la douleur de boulotter de la carne corse ! Dans cette pauvre Alger si calomniée, nous bouffions de la bidoche à la hauteur, mais je crois qu'il n'y a de bonne barbaque qu'en Algérie et au Portugal ! L'Angleterre et la France ne viennent qu'après ces pays bénis.

Dans ces Antilles que j'aime tant et dont je vous fatigue à chaque instant, la vie était divine, mais quand la viande ne venait pas de Santo-Domingo ou d'Haïti (même île) elle était sans nom. Celle qui arrivait *sur pied* du Venezuela était capable de rendre fou un cowboy ou un kaiserlick. Heureusement je suis ichtyophage ! Mais je vous plains, si vous aimez la déjà nommée barbaque.

Je suis contrarié d'apprendre que vous vous sentez souffrant et souhaite bien qu'une prochaine lettre me fasse savoir que la mauvaise saison passée, vous avez retrouvé une santé de Bambara, de Mandingue, de Khassonké. L'ennui, l'absence de Me Randau doivent être pour beaucoup dans votre état de dépression momentanée. Je me figure, — pour un homme seul, — l'impression que doit causer cette aride Dakar aux végétations hautes et grêles sous une lumière cruelle et terrible. Cela doit ressembler aux *vrais* pays tropicaux — les Antilles, les Mascareignes, la Malaisie, si vertes et si douces — aussi peu que possible ! Je ne puis me figurer un pays tropical sec et dur !!! Aden, alors (horreur !).

Soignez-vous sérieusement et que Madame Arnaud vous retrouve dans un état qui ne l'inquiète pas.

Si j'ai mis tant de temps à vous répondre, c'est que j'avais ici le copain-frangin Jean Royère qui a été assez gentil pour passer vingt jours de ses vacances avec nous. Royère est un être délicieux. Il est magnifiquement gosse. Il faut le voir en canot sur *les* mers, à cheval sur une bonne rosse corse ou grimpant sur les montagnes qui entourent la belle baie de Porto-Vecchio. Il rayonne d'être en pleine nature. Il pêche des nacres, pique des galops, bouffe des collines, nage dans la baie. Il est époilant. Avec cela c'est une des plus belles intelligences que je connaisse et, certes, le meilleur être que j'ai jamais rencontré. C'est le seul copain avec lequel on puisse se disputer. Jamais un mot méchant, jamais de rancune; toujours de bonne humeur. C'est un type admirable de bonté et de talent. Nous avons un peu, très peu excursionné, allant jusqu'à Quenza, pas tout à fait au centre

de l'île. Les gîtes étaient médiocres, la nourriture.... faible,
car il n'y a pour tortorer qu'un seul Porto-Vecchio *en Corse !*
Royère trouvait tout cela très bien, — et en redemandait. Il est
vrai que nous avons traversé de très belles forêts de pins aux
troncs moussus et noirs, aux lointains verts nocturnes presque
terribles; que nous avons rencontré des tas de *faux bandits*
(bandits rien que d'apparence) aussi pittoresques que les vrais,
avec leurs costumes de velours amadou bouffés par les taches,
leurs chapeaux de feutre gondolés, larges comme des champi-
gnons.... de cabines de bains de mer, leurs fusils démesurés,
leurs bottes.... d'ogre. C'était très amusant. — Nous avons pris
des bains de mer dans de l'eau moins bellement bleue et dia-
phane qu'aux Antilles, et sans doute qu'à Dakar, — mais tout
de même étonnante. On voyait un tas de petites coquilles nacrées
dans le fond et quand on nageait. on se sentait pris entre deux
ciels profondément bleus, l'un vraiment céleste, l'autre marin;
non, réellement, on ne nageait pas, on *volait* dans l'eau. C'était
de l'air azuré liquéfié et on le croyait purement aérien. — Nous
nous sommes sentis des Djinns, des Effritts, des « Mille et Une
Nuits », volant au secours de Boudroulboudour, la princesse
ou de Bedreddin, Hassan, le pâtissier de Damas, que nous
croyions victimes de magiciens africains ou non. Et puis, naturellement, nous roulions (à pattes) entre les bastions roses des
gênois et les oliviers en deuil argenté; nous allions causer avec
des copains corses, tous « neveux *germains* » ou « oncles *ger-*
mains » de types extravagants. Nous prenions de faux Pernods
excellents quoique vénéneux sous les lentisques et les platanes
de la plage. Alors, je n'écrivais plus rien à personne, ni même
sur mes paperasses et ma femme était indignée de ma paresse,
voyant que Royère trouvait le moyen de fabriquer en cinq secs
un article de temps à autre.

Voilà mon excuse, mon cher confrère et ami.

Hélas ! le bon Royère est rentré à Paris, mes manuscrits
me dégoûtent et j'ai envie de retourner aux Antilles comme
toutes les fois que çe ne marche plus en Europe. (Ce sera pour
l'année prochaine) comme je vous l'ai dit au moins quatre années de suite !

Donnez-moi bientôt de vos nouvelles. Présentez mes respects à Madame Arnaud dès son retour et croyez-moi votre vieil
ami et presque compatriote mustaphien (né en Amérique) qui
vous serre les mains avec grande amitié.

John-Antoine NAU.

Tournant de la Marine.
27 novembre 1913.

XII

Mon cher ami,

Je suis heureux de voir que la santé vous est revenue et je crois que vous la devez à votre mépris de la médecine officielle. Il faut *sentir* soi-même le traitement que l'on doit s'infliger et aller de l'avant. C'est, généralement, mon système, sauf quand je suis très malade. Car alors, je crois au sorcier de la Faculté ! (logique humaine !).

Vous vous plaignez de l'octobre dakarien, je me plaindrai du novembre porto-vecchiais; bien que les habitants l'appellent « il mese di l'oro », qu'il ait encore des jours clairs parfois doucement ambrés de soleil, il nous offre des matinées d'acier anglais, râclant, *rasant* et glacial et des soirées où il vous entre des aiguilles dans les épaules et les doigts de pieds. Il fait même si froid dans la maison où nous habitons (ma femme, ma chatte de gouttière et moi) — une petite case très pittoresque bâtie sur un cap vert et éventé, mais construite à jour et à jours par son propriétaire, le nommé Orecchioni (grandes oreilles) qui n'a employé pour l'édifice que de petits cailloux, du gravier, du sable, et du caca de pigeon en guise de ciment, que nous sommes forcés de l'abandonner, pour trois mois, et de nous réfugier dans une bicoque moins poétique, moins bien située, mais munie de murs qui arrêtent le vent et de cheminées qui ne fument pas. En mars ou en avril nous pourrons rentrer ici, en attendant que des masses de galette toujours imaginées proches, (il n'y a de bon que l'espoir) nous permettent d'aller refaire un long tour aux Antilles.

Ici, le pays serait délicieux, (sans la poésie des Antilles, — mais délicieux tout de même) si l'hiver n'était pas aussi féroce. Les habitants ne s'en aperçoivent guère; ils se figurent que leur île attirera les étrangers de novembre à avril tout aussi bien que Ténériffe. Je ne veux pas trop combattre leur illusion, mais, aunque pobre de arboledo y de flores, Tenerife me guastabe mas (1).

Pas de moustiques, ou peu, à Porto-Vecchio, plus de fièvres depuis cinquante ans, mais les habitants sont encore hantés par le souvenir de la malaria d'antan et vous affirment (avec des teints de lys et de roses) être fiévreux comme des Gabonais : S'ils ont mal aux dents, fièvre ! la migraine, fièvre ! des idées érotiques, fièvre ! Heureusement, les Diafoirus, un peu plus intelligents ici qu'ailleurs, combattent la sotte légende et la tueront. Nous sommes ici depuis trois ans, ma femme et moi, et nous sommes portés mieux que sur les côtes les mieux famées, — sauf en hiver, car alors nous toussons comme des Esquimaux enfumés et catarrheux.

Ce qu'il y a de beau ici, c'est la verdure, — moins belle qu'aux Antilles (encore !) mais fraîche et envahissante, qui veloute toutes les plaines et les collines, sous de grandes montagnes rocheuses, et du reste, forestières. Je crois Porto-Vecchio presque unique en Corse, comme beauté. La petite ville est fort sale, banale à l'intérieur (de nature), mais pourvue de bastions gênois très pittoresques et bizarres qui deviennent d'un lilas-rose au soleil.

Ah ! vous êtes comme moi, dégoûté des critiques ! Quels horribles chameaux, bêtes et grossiers à l'égard de ceux qui ont quelque chose dans le ventre -- (ça les scandalise) -- et platement adulateurs envers les gâteux qui écrivent sous eux (ayant aussi quelque chose dans le ventre, mais rien que là....) — envers

---

(1) Nau, on le sait, pratiquait toutes langues. L'espagnol ci-dessus signifie : « Bien que pauvre d'arbres et de fleurs, Ténériffe me plaisait davantage. » — (N.D.L.R.).

les gens qui font du Feuillet chastement polisson et du Marcel
Prévost encore plus fade et mondain que le vrai !

Vous êtes bien plus fort que moi sur le mouvement futu-
riste, bien que Marinetti m'ait envoyé pendant quelque temps
« Poesia » où j'ai lu des choses furibondes et rigolardes. J'aime
beaucoup votre mot « des besognes de coupe-Jarry ».

Ah ! j'aurais voulu voir, comme vous, les bons négousses
en face du célèbre Pickmann (1). Si ç'avait été aux Antilles françaises ou en Haïti, vous en auriez entendu des « Oui, pipe ! »
« f....t' tônné ! », « c.... chose maman ! », « oui f....tt' mon
ché, *zacrobate-là* capable passé bon Guié, li-même ! ».

Je crois comme vous qu'avec les magnétiseurs, ils croient
retrouver les pratiques des Obis, Vaudoux et autres papalois,
soucougnans.

Je comprends l'intérêt qu'excitent en vous les noirs, intérêt
que je partage et qui va parfois jusqu'à la vive sympathie, mais
comment pouvez-vous supporter des nègres qui ne parlent pas
Khéole ? le bon Guié les avait créés pour aller de l'autre côté
de l'Océan, corrompre et abîmer d'une façon délicieuse les idio-
mes des Blancs. Vos noirs sont des noirs, mais ce ne sont pas
des khéoles !!!

Excusez-moi de ne pas vous avoir écrit un mot plus tôt,
mais les premiers froids m'ont abruti. Je travaille encore moins
bien et moins en hiver que dans les saisons raisonnables. J'ai
le cerveau gelé. Vous ne surprendrez pas chez moi le moindre
symptôme de quart d'intelligence avant le mois de mai ou
d'avril au plus tôt.

Madame Randau et votre fils doivent être rentrés. Je vous
souhaite à tous trois un bon hiver tiède et bleu avec de jolies
brises.

Bonne poignée de main et croyez-moi votre bien cordialement dévoué

John-Antoine NAU.

P.-S. -- Vous me demandez ce que je fais ? Pas grand'chose.
J'ai écrit un acte en vers trop traditionnels (moi le vers libriste)
et je fabrique lentement un roman corse dont mon copain Royère
a jugé l'*une* des premières versions idiote. Il avait raison, le
frère ! C'est difficile de sortir de la banalité avec un pays de
mœurs trop pittoresques et par conséquent archi-connues. J'espère lire bientôt un livre de vous.

(1) L'illusionniste Pickmann, de passage à Dakar se rendant en Amérique du Sud, avait donné au théâtre une représentation. Les noirs qui y assis-
taient, rmerveillés, crurent au miracle.

Porto-Vecchio (Corse)

Tournant de la Marine.

27 janvier 1914.

XIII

Mon cher confrère et ami,

J'ai été fortement intéressé par votre dernière lettre : votre inspection d'une école de jeunes « tchatchas nèg' » du Sénégal m'a ravi, car elle comportait des spectacles plus passionnants que tous ceux que j'ai pu admirer dans des écoles antillaises.... à titre inofficiel. Moi qui connais, par analogie, l'accent de ces gentlemen adolescents, j'entends d'ici le « Ji m'âhche pâh la classe », « Ji fais le dessïn *qui* m'a commandé d'ézécuter sir le tâbleau mônn excellent pwôfesseu' ! » Tout cela chanté à l'unisson ! Cela devait être beau, mais beau ! Cela devait dégoter un peu, même comme grotesque épique, les réceptions des macaques de l'Académie. Je vous ai un instant envié d'habiter le Sénégal.

Non, aux Antilles, les jeunes élèves ne sont pas aussi forts. Les bons élèves sont pleins d'assurance et ternes, les passables rigolent et leurs chatoiement d'yeux ironiques sont fort amusants; quant aux cancres ils font des réponses dans ce genre : « Les dipâhtements fwançais ? Ils sont fô nombreux; ils contiennent sous-pwéfectû, chefs-liéx de cantons. Côbien ? côbien ! Je peux pas di, mais y en a *en pile !* » C'est agréable et bien.

Toutefois ça ne peut pas piger avec le « chœur antique » de la classe, la tronche satisfaite de l'instituteû que je me figure et l'impatience des petits « mouns noués » qui veulent « mâhcher » à leur tour dans la classe en brandissant un morceau de craie long comme un doigt de juge. Vous m'avez fait passer un bon quart d'heure et je vous en remercie. C'est si parfaitement nègue.

Je ne m'imagine pas une école corse; je n'ai jamais mis le pied dans aucune, mais quand je vois les balles des gosses qui les fréquentent, j'admets l'existence de salles mornes où les loupiots ânonnent, où les maîtres brandissent des férules et d'où les mômes sortent en se disant avec le flegme corse : « Tant mieux ! Je n'ai encore rien appris, aujourd'hui ! Et ça durera longtemps ! jusqu'à mon « certiflicat d'étoudes ». Ça me dégoûte, moi, toutes les drogues qu'on nous entonne ici ! »

Nous avons, pour justifier le flegme corse, un hiver absolument dégoûtant. Les montagnes sont blanches; il pleut de la neige fondue; les gamins, dans les rues, montrent des mollets vert pomme et « prune de Monsieur », car on ne leur met pas toujours des bas, même par cet hiver déplorable.Ma femme a vu, aujourd'hui, par froid très dur mais plus sec que d'habitude, une petite fille de douze ans, peut-être, vêtue d'un tablier et d'une jupe de toile, et pieds nus. La boue, par hasard séchée, lui faisait de petites bottines brunes, navrantes à voir. Elle jouait fort tranquillement sur la chaussée sans paraître souffrir le moins du monde. C'est incroyable ce que les Corses sont durs au froid ! J'en connais qui s'imaginent que Porto-Vecchio est un pays d'hiver.

Quant à nous, après ces trois mois-ci, nous en aurons notre claque. Nous allons attendre, toutefois, jusqu'à juin; mais alors nous irons passer trois mois à Paris et à la mer, et après, cette fois c'est pour de bon ! en route pour les Antilles ou l'Océan Indien ! Nous ne voulons pas crever !.... ou enfin nous ferons tout le possible pour que ça n'arrive qu'assez tard, s'il y a moyen ! Non ! non ! Plus de pays d'hiver pour Hugo d'Alési et autres dessinateurs trop subtils !.

J'espère vous envoyer bientôt un bouquin de vers que Crès m'édite (si je ne me trompe pas, il paraît dans 15 jours) et puis un peu plus tard, un acte en vers et un roman qui est dur à mener à bonne fin. Je deviens vieux ! J'ai besoin de me retremper dans de la chaleur, des « tits punchs créoles » et de la bonne vie nègre sous des cocotiers pour retrouver un peu d'activité. Ça ne m'endort pas, la chaleur, le bon soleil d'ambre doré ! Ça me rend comme un anoli, un lézard, quoi ! Il est vrai que j'ai un ami haïtien, un poéte, Charles Moravia, qui m'écrit qu'Haïti l'engourdit, qu'il a besoin du climat de la rue Lafayette ! Fichtre. Je ne suis pas comme lui ! On me collerait même la rue Mouffetard ou le boulevard de la Chapelle, voire même la rue Ordener, que ça me ferait l'effet d'un emplâtre sur une carafe d'eau frappée.

J'espère que Madame Randau et votre enfant reprennent bien l'habitude du climat de Dakar, que vous vous portez tous bien, que vous travaillez solidement, en bon écrivain, comme toujours, et que tout va selon vos vœux.

J'ai reçu ces jours-ci une lettre du copain Léo Loups, un copain d'Alger, un bon poète, qui est maintenant juge de paix à Fort-National, mais qui ne lâche pas les vers. Le connaissez-vous ?

Bonne et forte poignée de main. Mes hommages respectueux à Madame Randau et mille amitiés à votre enfant.

Votre ami,

John-Antoine NAU.

****

Porto-Vecchio (Corse)

Tournant de la Marine.
16 février 1914.

XIV

Mon cher confrère et très cher ami,

Je vous remercie de tout cœur de m'avoir envoyé votre beau livre (1) avec une si affectueuse et charmante dédicace. J'en ai été tant heureux, bien que vous n'ayez pas été juste en ne me traitant pas de « Prince des Em.... nuyeurs ! » (Je viens enfin d'obtenir ce titre au scrutin secret ; votants : Farrère et Abel Bonnard).

Plus encore que dans les « *Colons* », j'ai été épaté de la force de vie qui s'exhale de ce fort livre. Vous avez rendu une nature admirablement puissante dans sa beauté et dans son horreur, des loufocs merveilleux et très vivants, rudement humains, de splendides noirs européanisés à leur manière ! Quant aux paysages, ils sont réellement splendides ou bellement atroces. C'est un livre d'immense artiste et de psychologue de premier ordre, sans étalage de mots philosophiques, sans topos, sans amorces pour bourgeois. C'est une œuvre qui me restera à jamais dans la boule. Vous me l'avez fait vivre et elle demeurera en moi comme en tous ceux qui l'auraient comprise. Votre Carbon de Carbon ne peut s'oublier, pas plus que l'abominable,

---

(1) « L'Aventure sur le Niger ».

instinctive et délicieusement révoltante Hélène, cette fausse artiste si bien comprise dans son animalité intelligente à formules.

Beau livre, mon cher ami, et qui, je crois, vous classera définitivement parmi les grands artistes du verbe.

Il sort de là une poésie extraordinaire, furieuse, débordante, plus réellement vivante que celle des *Naturalistes* et tout aussi intense sinon plus.

Pour vous donner une idée de l'impression que m'a produit ce roman, je vous avouerai, que, ne l'ayant reçu que depuis quelques jours, je le relis pour la troisième fois, avec un intérêt croissant.

Je vous remercie encore de me l'avoir envoyé, et regrette qu'un bien moindre cadeau, mon petit livre des « *Goélands* » ne puisse vous arriver avant trois semaines ou un mois. (Avant ? Peut-être, mais je ne le crois pas).

J'espère que Madame Arnaud et votre enfant sont toujours en très bonne santé, et je vous serre la main avec une vive et admirative affection.

Votre ami,
John-Antoine NAU.

*
**

Porto-Vecchio (Corse)

Tournant de la Marine.
4 mars 1914.

XV

Mon cher confrère et ami,

Oui, les pauvres Ouolofs doivent en faire une bille ! et ce qu'ils doivent claquer des genoux sous leurs « boubous ».

Ici des choses se remettent d'aplomb : Il y a des fleurs sur les amandiers (avec beaucoup de retard, cette année !). Les jeunes filles corses presque chastes pendant l'hiver, recommencent à « faire de l'œil ». Oh ! pas à de vieux macaques comme moi, mais bien à de jeunes et fringants « rigolos » qui réarbo-

rent les melons clairs et les complets à la mode de Djenné. Les
« petits foulards noirs » des caboulots chassent, eux, indistinc-
tement, les hommes à melons et les types à grands feutres de
« bougnias ». Je serais bien malheureux si j'étais célibataire
dans ce pays, en dépit de mon grand âge ! Très jolies ces por-
teuses de « petits foulards noirs » et les jeunes dindes à chapeaux, mais pas toujours ! Et puis, mon Dieu ! comme ces char-
mantes princesses sont mal débarbouillées ! On frémit en pen-
sant aux beautés cachées ! Maintenant, vous me direz que ces
aimables insulaires sont pleines de qualités, c'est vrai, car on
médit trop des Corses, très braves types, mais pour la propreté,
« ça y a pas bien », comme dirait votre très amusant sergent
bambara.

Vous me faites aimer ces gens-là, bambara ou autres bons
nègres qui me paraissent encore plus rigolos que les bons
« tchatchas » des Antilles.

Fichtre ! Vous avez raison de vous impatienter contre Crès.
Comme je vous l'ai déjà dit depuis des mois, il affirme que mon
bouquin de vers paraîtra dans 22 jours. Royère ne sait plus
quoi lui dire. Pourtant il me semble que tout doit avoir une fin
même les plus belles fumisteries, et que le maudit bouquin doit
être sur le point de paraître ou a déjà paru à Paris. Cristi ! ça
ne peut pas tarder, en tout cas. Oui, le pauvre Royère est très
embêté avec ce sacré bouquin et les grèves d'imprimeurs qui
empêchent la « *Phalange* » de voir le jour. Il y a longtemps
que votre dédicace est faite signée de moi et envoyée sur un
papier qui sera collé sur le volume.

J'espère que vous avez reçu la lettre où en vous remerciant
de l'aimable envoi de l' « *Aventure sur le Niger* » et de sa trop
belle dédicace, je vous disais toute l'admiration que m'inspirait
cette œuvre forte et splendidement colorée. Léo Loups m'en-
verra certainement l'anthologie des poètes algériens. C'est encore un vieux copain de Mustapha. (Il est aujourd'hui juge de
paix à Fort-National). Du groupe Génella, Gojon, Tustes, etc...
c'est Loups qui me semble le plus original ! Il est même fort,
lui ! Tustes, qui me plaît, car bien que né à El-Biar et fils d'un
Marseillais et d'une Espagnole, il ressemble exactement à un
mulâtre des Antilles, fait quelques progrès. Il m'a envoyé un
recueil qui n'était pas trop moche. Je crois qu'il fera quelque
chose. C'est un excellent gars, malheureusement hanté de bizarres idées superstitieuses et snobiques. Il a la foi de l'aristocra-

tie ! S'il arrive un sous-vidame quelconque à Alger, Tustes est immédiatement à sa traîne. En dehors de ça, bon et honnête, et il se développe. Les autres ne sont que des gens adroits et pourris de recettes poétiques comme les cuisiniers de recettes de sauces. Loups marche, Tustes marchera. Les autres, aïe ! Ils entreront à la *Dépêche* ou aux *Nouvelles*.

Le pauvre Fayolle ! Ah ! il a salement tourné. Les affaires ne lui ont pas réussi et lui ont valu quinze mois de prison. C'est triste. Notre ami commun, Sadia Lévy, qui avait été fortement étrillé dans l'histoire, et à moitié ruiné, a été très beau. Il a tout le temps défendu Fayolle contre les juges. C'est un chic type. Je plains tout de même le pauvre Fayolle qui était bien doué, pas méchant, un peu poseur, mais pas malhonnête, au début. Mais vous avez peut-être entrevu, comme moi, sa famille par alliance. Des Yaoudis qui ne sont, fichtre, pas à la hauteur de Sadia Lévy ! Ce dernier est profondément gentleman et intègre, violemment sémite mais très pur. (Du reste vous connaissez mieux ses idées que moi, puisque vous avez collaboré avec lui) tandis que les alliés de Fayolle m'inspiraient de la *crainte* et de la répulsion. Royère, comme moi, a été très affecté de cette histoire qui s'est passée l'été (? — ou printemps ?) — dernier. Vers mai ? juin ? Je vous croyais au courant et n'osais vous parler de cette triste aventure. Je n'ose pas en parler davantage à Loups, ami de Fayolle, qui ne m'en dit rien quand il m'écrit de loin en loin.

Je désire apprendre prochainement que Mme Arnaud va mieux et que vous pourrez, avec elle et votre enfant, faire un tour en Algérie, comme vous le désirez.

Je connais très bien, sinon Daniel Thaly, avec lequel j'ai correspondu encore de temps à autre, du moins sa famille, et des amis très intimes de cette famille, qui sont aussi de très vieux amis à moi et demeurent à la Martinique. J'ai fort bien connu son père, à Saint-Pierre, vers 1884; j'ai connu, plus tard, à Fort-de-France, son oncle Hilaire Thaly, qui était conseiller général. Sa mère, créole de la Dominique, a été en partie élevée chez mes amis martiniquais les Saint-Yves; Thaly, martiniquais par son père, appartenant à la Dominique par sa mère, est né au Roseau (Dominique), île anglaise, mais où l'on parle le français et qui se trouve entre la Martinique et la Guadeloupe, comme vous le saviez déjà.

Daniel Thaly est un poète exquis et il ira loin. C'est actuellement la gloire des Antilles de langue française (1).

Mais il ne faut pas pour cela, traiter de monstres les beaux et hauts écrivains algériens comme vous, qui ont une splendide énergie de style et une couleur admirable. L'Algérie vaut beaucoup, grâce à vous, surtout, et à quelques autres moins puissants, mais solides.

Mille choses très affectueuses et bonne poignée de main.

Votre ami,
John-Antoine NAU.

Ça y a si bon dans « Bambara » et « Ouolofs » que j'irais certainement un jour prendre « un zabsinthe » avec eux, malgré mon horreur pour les pays où la verdure ne frissonne pas de tous les côtés, par tas, par vagues, par maëlstroms sous de grandes palmes de cocotiers, éternellement tremblantes, de chaud, sans doute ! Vous faites aimer ces gens-là. Le sergent et **l'adjudant me hantent.**

*
**

PORTO-VECCHIO (Corse)

Tournant de la Marine.
6 mars 1914.

XVI

Mon cher confrère et ami,

Non ! non ! Royère n'a rien contre vous; je sais qu'il a pour vous la plus vive sympathie et qu'il admire vos livres et toutes vos productions littéraires.

---

(1) Daniel Thaly est l'un des meilleurs poètes antillais contemporains. Il resta établi longtemps à Roseau (Dominique) comme médecin de l'Assistance publique. **Afrique** s'honore d'avoir eu sa collaboration. Son frère Fernand Thaly, fit ses études au Lycée de Toulouse, où j'eus l'occasion d'être son condisciple en rhétorique, Paul Crouzet étant notre professeur. Fernand aussi était habile ès-arts de poésie; au point que, grâce à la liberté du choix des auteurs que nous laissait notre maître, je pus, un jour, au cours d'une présentation libre, annoncer froidement un « Leconte de l'Isle » de derrière les fagots, intitulé « Golgotha », qui n'était autre que le tout récent poème que Fernand Thaly venait de me lire dans la cour du Lycée. Puis-je dire, aujourd'hui, que tout le monde, — élèves comme professeur — fut d'accord pour constater avec moi que ces vers étaient empreints de toutes les caractéristiques de la manière du grand romantique, et qui font de l'auteur des Poèmes Barbares l'un des plus.... etc.... (pour la suite voir les cours de littérature de tous les professeurs de tous les lycées, au mot Leconte de l'Isle).

On pense bien que je dus avouer la fraude, présenter le vrai coupable de ces beaux vers, et payer ma mystification d'une inoubliable retenue de jeudi.

(Jean Pomier).

Seulement, le pauvre copain a un turbin du diable et une correspondance forcenée : il a toujours de l'embêtement sur la planche avec ses travaux multiples et les tourments que lui procure, comme à tous ses confrères, la rédaction d'une grande revue très influente mais très discutée aussi.

C'est un saint laïque, le copain Royère !

J'ai relu, ces jour-ci, un bouquin de Vigné d'Octon où il parle de ses « Premières Armes », etc., etc...., des Sénégalais, d'un bout du Soudan....

C'est joliment pâle à côté de vos solides bouquins colorés, vivants et où on respire vraiment l'Afrique.

Du reste, il me semble que Vigné d'Octon a mal fini : à la Chambre des Députés, me figuré-je bien, dans cette belle sentine où le peu de talent qu'il avait s'est évaporé au milieu des ragots de bourgeois à galette, des « équivoques » des questions préalables et des sacro-saintes « Sanctions ». (En voilà, un mot qui m'agace !)

J'aime mieux relire « L'Aventure sur le Niger », où le parfum de la terrible Afrique est si violent qu'il évoque tout le monde des grands fleuves du Continent Noir, — même chez ceux qui ignorent complètement l'Afrique « nègre ».

Le printemps corse est aigre comme les souffles de la Lorraine chère à Barrès. Décidément cette île n'est bien qu'en été, alors que les douaniers qui ont besoin d'un congé s'efforcent de faire renaître la légende de la Fièvre avec un grand F.

Excusez-moi de vous écrire une lettre aussi courte. Je n'ai voulu que vous dire que Royère était plus que jamais votre ami et votre admirateur.

Je suis dans un tas de complications pour fourrer de la copie chez Jean Finot. (*La Revue*). Heureusement Royère me donne encore un coup d'épaule par là.

Bonne poignée de main et mille choses très cordiales.

Votre ami,

John-Antoine NAU.

*
**

Porto-Vecchio (Corse)

2 mai 1914.
Tournant de la Marine.

XVII

Mon cher ami,

Vous voyez qu'il n'y avait rien de mauvais du côté de Royère : Depuis que j'ai reçu votre dernière lettre, il m'a, du reste, écrit et son épître amicale contenait un petit couplet fort gentil et sympathique sur vous.

La Corse, comme le Sénégal, a été en ébullition. Il s'agissait comme partout, de renvoyer à la Chambre les nullités les plus affligeantes du pays. Il n'y a qu'un député corse propre : Pugliesi-Conti (Ajaccio). Landry (Calvi) est encore tolérable; mais les trois autres rigolos expédiés par Corte, Bastia, Sartène (mon arrondissement) sont de véritables veaux. (Ces trois-là sont en ballottage, mais sûrs de passer dimanche prochain). — Je n'ai pu suivre leurs galipettes, ayant eu le malheur d'habiter une maison si humide que je n'en finis pas avec les fluxions et les abcès dentaires.

J'aurais voulu être à Dakar à ce moment-là, car j'aurais pu alors me dispenser de souffrir d'un abcès et d'avoir une joue comme un petit cantaloup, et puis j'aurais vu quelque chose de beau !

Vous m'en avez encore bouché un coin en m'apprenant que les noirs du Sénégal avaient une espèce d'accent bordelais. Sapristi ! Ça doit alors bien difféouer de la pouônonciation de la Mahtinique et de la Guadeloupe : F. tt' Missié ! Ça n'est pas berdelais di tout par là ! C'est l'accent d'Haïti en plus appuyé, en plus traînant sur les voyelles *ouvertes*. Du reste, vous avez entendu Missié Daniel ! Combien je regrette de n'avoir pas connu cet oiseau-là à la Martinique ! Il doit être délicieux…. Et puis, je vois que si on le rencontrait aux Antilles, il vous ferait faire d'utiles connaissances : (tout le Gotha ou Gothon de la Cuisse en l'air !).

Je n'ai, moi, rien entendu de catapultueux, cette année, uniquement occupé de cataplasmes, de gargarismes au coaltar et de boulettes de coton qui ne voulaient jamais entrer dans mes oreilles! Si je suis galetteux, je fiche le camp aux Antilles,

l'automne prochain ! Mais combien de fois j'ai déjà *proposé*
et combien de fois il a été *disposé* contrairement à mes goûts !
Ma femme, elle, a eu plus de veine que moi : Comme elle sort
le matin pour s'occuper des « matières premières » du déjeû-
ner, elle est tombée un jour sur une réunion en plein air sur
la place de l'Eglise qui est aussi la place du Marché. Elle a entendu des choses moins belles que vous, mais enfin cela pouvait
être amusant. Un certain M. Panzani, candidat de je ne sais
quelle faction de « *républicain de gauche* » était grimpé sur
un banc et gesticulait ferme; il disait : « Relevez la tête, Porto-
Vecchiais ! Habituez-vous à ne plus vous faire graisser la patte
par les candidats. Un député qui vous paye ne s'occupe plus de
vous. Il dirait : Qu'est-ce qu'ils m'embêtent ces gens-là ! Ils ont
palpé ! Je n'ai pas besoin de me fouler la rate pour eux ! Tandis que moi, électeurs, je m'occuperai de vos intérêts parce que
je ne vous aurai pas versé un sou et que je vous devrai quelque
chose. » Il répéta trop cette dernière phrase; les nobles électeurs ne virent plus en lui qu'un horrible chien qui ne casquait
pas. Il eut beaucoup moins de voix que les autres. Et pourtant,
paraît-il, il était beau, quand il disait : « Relevez la tête ! » Il
collait son melon sur son occiput, et, oubliant qu'il était anti-
clérical, frottait ce melon aux plâtres du mur de l'Eglise. Enfin,
à *Porto-Vecchio* il n'y a pas eu un coup de fusil. C'est assez
beau. Il y a trois ans ou un peu plus, àZicavo, où j'habitais
alors, il y eut pour de malheureuses élections au Conseil Général un mort et quelques blessés. Les Corses sont beaucoup plus
doux et moins *vendettistes* qu'on le prétend ; cependant, en
général, il y a des *accidents* lors des élections.

Dimanche prochain, le sort des arrondissements de Sartène, de Bastia et de Corte sera fixé pour quatre ans.

J'espère que vous êtes déjà débarrassés, à Dakar, du chahut
des élections, que vous avez graissé les bottes du meilleur ou
du pire des Carpots qui sollicitent vos suffrages (un Carpeau
qui n'était encore que fretin....) et que vous aurez la paix pour
35 mois 1/4.

Vous êtes bien gentil en regrettant de ne vous être pas
trouvé à Paris le jour du « Déjeuner de Passy »; mais je n'y
étais pas plus que vous; Royère avait arrangé cela très vite avec
Barzan.... Et puis, il devait faire encore froid dans ce satané
Nord !

Je pense qu'à présent vous devez avoir mon bouquin de
vers. Je m'afflige en apprenant que votre « Sur le Niger » ne

se vend pas. Hélas ! C'est si souvent le sort des beaux livres !
Je l'ai relu « Sur le Niger » et l'aime de plus en plus. C'est
épatant de soleil, de couleur et de psychologie. Je vous envoie
un bout d'article du « Journal » à ce sujet. Tout en faisant une
réserve idiote, Muller ou Reboux, — Reboux ou Muller — trouve
que vous avez un immense talent et le dit sous une forme assez
nette. (Je dis *Reboux* ou *Muller*, parce qu'il me semble bien que
Reboux est actuellement *en* Haïti où il va se documenter pour
un livre).

Mes hommages respectueux à Madame Randau. Amitiés à
votre enfant.

Bonne poignée de main de votre ami,

John-Antoine NAU.

*
**

Porto-Vecchio (Corse)

2 juillet 1914.

Tournant de la Marine.

XVIII

Mon cher ami,

Vous allez dire : « Ce cochon de Nau, depuis qu'il a su
qu'il y avait de sales maladies à Dakar (1), ne veut plus me
répondre; il nous considère tous, nous les pauvres Sénégalais,
comme pestiférés. Il a peur qu'une enveloppe insuffisamment
phénolisée lui donne le *Mal* — ainsi que disait notre doux Tar-
taringne !

La vérité est autre : j'ai été tout le temps embêté par un
tas d'histoires plus sottes les unes que les autres. Et puis, nous
allons quitter Porto-Vecchio, non pour les Antilles, comme je
l'espérais, mais bien pour un autre patelin de Corse, un peu
moins froid en hiver, m'a-t-on affirmé : l'Ile-Rousse (ce n'est
pas très sûr, mais très probable).

____

(1) Il y avait une épidémie de peste, en ce temps-là à Dakar.

J'espère que cette fâcheuse maladie mandchourienne n'a pas trop tué de bon nègues et que les békés, — (ou blancs) — en ont été absolument indemnes.

Missié Diagne me plaît; il est beau, (j'ai vu son portrait dans le Journal ») et puis, il nous changera un peu du député musulman, — (Grenier, je crois !) qui était jurassien ou en tout cas franc-comtois, donc compatriote de l'Absinthe Pernod que j'aime très franchement, mais qui n'a rien de commun avec l'Islam sinon dans notre doux Mustapha - Belcourt - l'Agha, où le *moutchou* du coin et l'allumeur de becs de gaz (Kabyle de pure race) plus le merveilleux Bel-Ahoûtt, charretier, dont l'âme ressemblait à mon âme de poète décadent, — prenaient avec moi la *rinçonnette* et même la *surrinçonnette* chez le Père Florent Fleck, mon propriétaire, dont le caboulot était situé rue de Belfort, en face de la rue de Paris. (Nous, nous demeurions de l'autre côté de la turne, 11, rue Marey). (En voilà une phrase ! On croirait que je sors de la laïque !).

Je regrette terriblement Alger, presqu'autant que les Antilles, bien que ce ne soit pas le même sentiment qui m'y ramène *en esprit* ! J'aimais Alger — surtout mon Mustapha — je m'en aperçois bien aujourd'hui, — mais ma femme n'a jamais pu s'y faire ; elle y a pincé de furieux rhumatismes, — ce qui l'excuse.

Quel sale métier que la Littérature. Je l'adore et il nous cause tous les embêtements imaginables ! Enfin, ça va mieux, mais quand ressemblerai-je à Henri de Rothschild, ou simplement à notre voisin juif Stora-Morali ? Ce méssieur demeurait près *dou chemin Kablé* et il souffrait, — (le veinard !) — d'une légère indigestion de douros, maladie que j'ai peu connue. Enfin, il ne faut pas me plaindre comme je fais tout le temps. En Corse, au fond, je représente le « Mauvais Riche » !) On ne se figure pas à quel point le pays est pauvre, malgré de grandes richesses naturelles ! Mais les *Continentaux* pigent tout, — à peu près comme aux Antilles ! Ah ! les Européens ! Très gentils, certes, mais ce qu'ils ont une griffe ! (Les chers Leblond (1) m'appellent *Européen* dans un article, du reste exquisement affectueux. Ils ne savent pas le chagrin qu'ils me causent).

J'espère que vous pourrez me dire bientôt que Dakar s'est absolument guéri de cette atroce invasion de maladies asiatiques.

------

(1) Les romanciers coloniaux Marius et Ary Leblond, directeurs de la revue **« La Vie ».**

Il me paraît que vous êtes depuis bien longtemps à Dakar,
sans le moindre congé ! Dites-moi quand vous aurez des vacances et quand vous les passerez sur les coteaux de Mustapha. Il
me plairait beaucoup de causer pour la première fois avec vous
de vive voix dans un pays que nous connaissons aussi parfaitement tous deux. Mes quelques années d'Alger ont fait que Belcourt, le Hamma, etc., etc., n'ont plus de mystères pour moi.
J'y étais comme le *trappeur* de Cooper dans ses *sentes*, — et
puis j'aimais ça ! Cela me hante depuis que j'ai quitté le pays,
— juste ou presque juste comme vous y reveniez pour trop
peu de temps.

Mais me voici en Corse, peut-être pour longtemps; Diagne
pourra avoir du génie, engueuler à mort mon ennemi Combes
(ce qui me remplit de joie) et je resterai toujours dans l'île de
Sampiero Corso. « Le Comité d'Initiative » ferait bien de *répa-
rer* un peu l'hiver corse qui est farouche à Porto-Vecchio, pays
à l'extrême-sud de l'île !

Que préparez-vous, cher ami ? Dites-moi cela. Moi je finis
un roman idiot pseudo-corse et désire faire un drame en vers
décadents. (Oui, Monsieur !). — J'ai une petite pièce en un acte
en vers *classiques* qui me remplit de dégoût.

Je vous serre bien amicalement la main en vous priant de
faire agréer mes hommages à Madame Randau.

Votre confrère et ami un peu loufoc et *piqué* et *maboul,*

John-Antoine NAU.

Excusez cette horrible écriture de gras névropathe. C'est
ignoble et illisible !

*
* *

Ajaccio, 30 septembre 1914.

Villa (Villa ! Oh la la !) Miot, place Miot.

XIX

Mon cher confrère et ami,

Vous devez trouver que je suis bien mou pour la correspondance depuis quelque temps, mais les événements actuels
m'ont, un instant, un peu abruti; je suis vieux, ou presque; je

ne suis pas guerrier et ces histoires malheureusement trop graves ont le don de me neurasthé*niser* (néologisme — et pas joli le néologisme !).

Nous avons déménagé, parce que nous nous figurions, *à tort*, qu'à Porto-Vecchio la vie matérielle deviendrait un peu difficile.

Tout semble marcher bien mieux que nous ne croyions : (Vive la France !) .

Que disent nos frères algériens ? Je n'ai plus aucune nouvelle d'eux, pas même du vieux copain Léo Loups ! (actuellement juge de paix à Fort-National). Enfin, vive Mustapha ! Mustapha sauvera tout si on le lâche une bonne fois ! Est-ce vrai ? ! ? !

J'espère que cette atroce peste mandchoue a bien voulu laisser maintenant Dakar tranquille et que M. Diagne peut exercer sans remords, à Paris, son *mandat*, sans craindre les *équivoques* et les *sanctions*. Marabouts-là *a* dit : Y a pas bon ! ça y en a Yoloffs trahi Toubabs, alors peste ! mais je désire que cette très indirecte et involontaire vengeance des Toubabs ait pris fin *yon bon fois*, comme on dit à la Martinique. Qu'en pense Missié Daniel, li ka sali pantalon zen pile !

On se rassure beaucoup ici et en France : la Corse a été admirable et a fourni un nombre de volontaires inespéré. Les « Boches »f... outent le camp, en ayant l'air de résister, mais très contents d'aller revoir ce qui se passe de l'autre côté du Rhin. Ils ne seront pas râclés tout de suite, malgré cela — mais enfin plus tôt qu'on ne l'espérait. Ils cèdent déjà un peu de toutes parts. Un gros effort est encore nécessaire, mais il sera fait ! Les Russes arrivent, du reste, mais les Toubabs ont été épatants de courage froid et d'endurance. On refera un peu la carte d'Allemagne, en rognant sur le petit « Royaume de Prusse ». Ça me rappellera la « Confédération Germanique » telle que je la *récitais* en classe d'histoire et de géographie, quand j'arrivai de mon pays, un peu avant 1870 (j'étais un bien sale gosse, alors, et je n'ai guère changé, malgré mon âge (bientôt 54 ans !). Souhaitons, mon cher confrère et ami, que tout cela soit bientôt fini et que nous ne nous souvenions plus des Prussiens que comme une énorme série de derrières bottés par les plus fortes bottes de nos soldats.

Que Jeanne d'Arc et Missié Diagne nous protègent ! Y en aura encore di bon, Missié Toubab, dans ce cas-là ! (Aïe ! dites-donc ! M. Thalamas a été nommé vice-recteur ici !).

Etes-vous encore *littéraire,* mon cher ami? Moi, je ne sais plus ! J'écris des choses vagues qui paraissent terminer un roman, mais c'est merveilleusement *loufoc !*

Bonne poignée de main; mes respects à Madame Arnaud et amitiés au bébé.

Votre ami,

John-Antoine NAU.

*
* *

AJACCIO (Corse), Villa Miot.

Place Miot, 27 décembre 1914.

XX

Mon cher confrère et ami,

Excusez-moi encore, cette fois, de vous répondre avec un retard aussi ridicule : j'ai été, de nouveau, fourré dans des tas d'ennuis; puis, la guerre, malgré mon absolue confiance en une victoire française, me travaille un peu la tête.

Qu'en disent ces bons Sénégalais ? Les Corses continuent à être magnifiques de courage et de sang-froid, mais, partout, on semble croire qu'il faudra encore être fort patients. Je voudrais connaître l'opinion de Missié Daniel, originaire de la Martinique et habitant de Dakar. Celui-là est, peut-être, dans les secrets des « Diex » quand il a pris un certain nombre de bons « pitits bagages punchs créoles ». Ah ! ils ont raison, les Européens, quand ils chantent au café-concert ou ailleurs :

Ah ! La Martinique ! (*ter*).

Ç'est ça qu'est chic ! (*bis*).

Seulement, ils connaissent bien mal leur colonie caraïbe : ils ne l'ont vue que sur les étiquettes illustrées des bouteilles de rhum. Ils croient encore au « nègue » « en pitit caleçon ». Ah ! s'ils savaient comme les habitants de la belle île sereine, verte et bleue, sont fatigués de la vue des redingotes de « nègues » et des discou' *paulitiques* de ces Missiés, du reste fort braves garçons et bons comme tout !

Les lettres de mes amis de là-bas me disent qu'il n'y a pas

d'ennuis dans les Antilles et que les navires boches qui croisaient dans l'Archipel ont repris le chemin de l'Europe. Et puis, les Martiniquais et autres Antillais ont leur belle lumière d'azur et d'or et leurs ombrages parfumés pour se coucher. Ici, hélas, nous connaissons l'hiver, pas trop féroce cette année, mais toujours un peu noirâtre et humide et.... enquiquinant !

Les « *Continentaux* » m'épatent quand ils disent qu'ils trouvent le climat corse tiède et agréable. Moi, je me recroqueville ici comme un vieux singe et rêve fort douloureusement de palmistes, de cocotiers et de manguiers caressés par un jour de songe bleu. — Enfin, un jour, les routes seront libres et la galette moins farouche et l'on nous reverra parés de vieux panamas auréolants, prenant des « punchs » sous les bananiers.

J'espère que vous n'avez pas eu de visites de navires allemands dans vos parages; du reste, il paraît qu'ils sont pour la plupart embouteillés dans des ports de la Baltique ou démolis par des croiseurs anglais ou français. Qu'il en soit ainsi éternellement ! Allahou akbar !

Veuillez, mon cher confrère et ami, présenter mes hommages à Madame Randau et mes amitiés à vos enfants et agréer une forte poignée de main de votre ami cordialement dévoué.

John-Antoine NAU.

Ah ! que je voudrais consulter Missié Daniel pour qu'il me dise un « bon ti' chose » au sujet de la prochaine fin de la guerre et de l'imminente victoire française.

Bonne année 1915 et tous mes meilleurs vœux !.

*
**

AJACCIO (Corse), Villa Miot.

Place Miot, 28 février 1915.

XXI

Mon cher ami,

Si Missié Daniel « i faiti au bloc », c'est une injure que le Sénégal fait à la Martinique et nous verrons du vilain.... après guerre ! Pourquoi ne pas laisser un doux insecte chanteur créole distiller sa petite cantilène ponctuée comme vous savez ?

Tous les poètes en voudront au Gouvernement Ouest-Africain, car, comme le disait, à peu de chose près, Verlaine, à propos de la pauvre Louise Michel : Missié Daniel, Foutt ! 'i très bien !

Pour ma part, je n'aurai de tranquillité que quand, présenté par vous, j'aurai pris un « tit punch » avec Missié Daniel et vous.

Ici, je crois que les choses ne marchent pas trop mal. Ici ? Enfin, voyons les choses de plus loin et disons « sur le front ». Les Prussiens se font battre partout : Lentement, mais sûrement par les Français qui en font *de jolies* « petites hécatombes », — (comme les plus pacifiques deviennent cruels pendant une guerre !) et assez rapidement par les Russes qui les nettoient à fond, après un mouvement rétrograde voulu qui réjouit trop tôt ces saloperies de Boches. Il y a une très jolie phrase de Ludovic Naudeau dans laquelle ce brave homme, styliste médiocre, mais bon bougre pas bête, dit à peu près ceci : « La tête et la queue du requin (prussien) ont encore de la force et s'agitent dans le filet, mais le coup de grâce est proche ! » Je cite très inexactement, mais c'est bien, à peu de chose près, l'idée. Du reste, vous pourrez rétablir le texte du brave Ludovic que vous allez sans doute lire ces jours-ci dans le « *Journal* ». En attendant, il se prépare évidemment un coup de chien. Ce que nous pouvons savoir du mouvement des troupes françaises est impressionnant : On va leur en coller devant la hure, aux Prussiens ! Je les crois foutus et m'en réjouis. La seule chose que je craigne, c'est, après une période violemment militaire et simpliste, un fort abaissement de la littérature et de l'art. Ce qui se publie ces temps-ci est assez inquiétant à cet égard, vraiment !

Mais quelle belle chose que celle que vous me racontiez : La guerre au Caméroun ! C'est époilant : Ces bons noirs français qui attrapent des indigestions de singe rouge.... et vert et se perchent sur des arbres géants pour guerroyer contre les noirs allemands ! J'espère bien que quand les cannibales du pays ont trouvé un joli lot de viande humaine fraîche — ou à peu près — il n'y avait pas que des nègres dans le tas. Je désire qu'il y ait eu beaucoup de cochon blanc allemand à la disposition des sympathiques anthropophages.

Il paraît que ces salauds de Prussiens envoient maintenant dans les tranchées françaises des projectiles au pétrole (?) qui brûlent les soldats tout vifs. C'est évidemment un symptôme de rage désespérée, mais c'est odieux : Je compte bien que le Gouvernement français répondra à ces brutes par l'emploi d'obus asphyxiants à la Turpinite. Il n'y a pas d'humanité qui tienne quand on a affaire à des chameaux pareils !

Je crois que les doux Boches qui voient anéantir chaque jour une forte portion de leurs effectifs, n'en ont pas pour aussi longtemps qu'on le croyait. Ces sauvages idiots se sont tendu un piège mortel à eux-mêmes en voulant en tendre un aux camarades. Certes, je hais la guerre; c'est une barbarie : il ne faut pas l'entreprendre. Mais quand elle est en train et qu'un des adversaires se montre abominablement féroce, l'autre ou les autres adversaires ont le devoir de l'anéantir. En avant la Turpinite ! Et c'est moi, un pacifiste, *enragé contre toute guerre* qui parle ainsi !

Je voudrais savoir qu'on a asphyxié tous les corps d'armée bochards ! Je serai honteux, la guerre finie, de ce que je dis en ce moment, mais comme la guerre est toujours un crime sans nom, il n'y a pas de degrés dans cette abomination.

Mille poignées de main et tous mes respects à Madame Arnaud (mes amitiés à vos enfants).

Votre ami,

John-Antoine NAU.

P.-S. — Dites-moi ce que devient le *Ché* Missié Dâniel dans sa cruelle prison. On le laissera sôti je l'espère !

*
**

AJACCIO Villa Miot.

Place Miot, 5 mai 1915.

XXII

Mon cher confrère et ami,

Je suis tout à fait désolé du malheur que vous m'apprenez (1). C'est certes une grande douleur à subir, pour vous et que nulle amicale parole de consolation ne pourra adoucir avant bien longtemps.

-----

(1) Mon frère, capitaine au 31ᵐᵉ Régiment de ligne, venait de mourir des suites de ses blessures. (R. R.).

— 47 —

Comme vous le dites, hélas ! avec raison, les plus beaux raisonnements du monde n'y feraient rien. Les plus sincères assurances de vive sympathie que pourront vous donner ceux qui, comme moi, aiment votre talent et votre caractère sont d'un bien maigre secours dans un cas pareil. Je tiens à vous dire cependant que j'éprouve de ce grand malheur un très réel chagrin pour vous et votre famille.

Cette guerre nous coûte un bien énorme nombre de gens braves, bons et utiles ! Je comprends toute l'horrible douleur de Madame votre mère et m'y associe de grand cœur.

Je saisis également bien tout ce que votre peine profonde venant après tant d'atroces histoires a pu faire germer de colère en vous ; seulement, vous avez une mère, une femme, trois enfants, et permettez à un vieux de cinquante quatre ans de vous dire que depuis vos combats au Soudan et en Mauritanie, jusqu'à vos expéditions de ces toutes dernières années, vous avez, sans doute, assez payé de votre personne.

Par exemple, si nous sommes bien du même avis sur quelque chose, c'est lorsque vous déclarez fort sagement que les Allemands sont les derniers gredins et terriblement inférieurs aux guerriers africains qui ont, du moins, eux, une sorte de point d'honneur respectable et compréhensible pour toute l'humanité.

Ils vont être abominablement râclés ces Prussiens et sous-Prussiens et personne ne s'en plaindra, pas même l'Autriche que sa stupide déveine, l'acharnement du mauvais sort contre elle, rend presque tolérable malgré la misérable et folle ânerie de ses chefs. Les anthropophages boches n'ont plus un ami en Europe; jusqu'à la grotesque Turquie, tout le monde veut la fin de l'ignoble Germania. Les Turcs ne sont plus que des figurants.

Si je ne partage pas tous les sentiments de votre colonel anglais de la « *Médie* », parce que l'âge m'a rendu un féroce ennemi de la guerre que je n'ai d'ailleurs jamais aimée, je m'entends parfaitement avec lui quand il affirme que les Allemands ne sont que le rebut de l'espèce humaine, une moisissure infecte et honteuse pour notre planète.

Je regrette que les dames de la Croix-Rouge, qui sont intéressantes et estimables à tant d'autres points de vue, cherchent à convertir des Musulmans.... et surtout par des moyens malpropres, par des sorties de faveur et autres trucs de même valeur.... quand les doux Bicots s'arrangent avec les aumôniers.

Non pas *quoique*, mais *parce que* catholique, j'éprouve de la répugnance pour ces manœuvres qui rabaissent le catholicisme. C'est ridicule et mesquin.

En Corse.... la vie continue — point joyeuse — car il y a eu sur le front trop de morts et de blessés venus de tous les coins de l'île mais tolérable, quoique difficile — parfois dure — enfin, nullement impossible.

Espérons toutefois que cette guerre ne durera pas jusqu'en 1937 comme *semblait* le souhaiter un bon jeune homme continental infiniment, atrocement malade et neurasthénique par-dessus le marché ! Pourquoi 1937 ? Souhaitons bien que dans quelques mois l'Allemagne sera solidement battue.

En vous serrant bien cordialement la main, mon cher ami, je vous prie de croire encore que ma femme et moi sommes bien de cœur avec vous dans ces moments si pénibles. Mes respectueux hommages et les bons compliments de ma femme à Madame Arnaud.

Votre tout dévoué confrère et ami,

John-Antoine NAU.

Ah ! il m'est plus agréable de vous féliciter au sujet de la de la naissance de votre fille !

*
* *

Ajaccio (Corse), Villa Miot.

Place Miot, 3 septembre 1915.

XXIII

Mon cher ami,

Toutes mes lettres doivent commencer par des excuses : Il faut dire que depuis quelque temps, je ne sais plus comment vont les choses : J'excelle à faire tout ce qui contribue à me mettre en retard de toutes les façons.

J'aimerais à vous voir parmi tous ces vieux grognards africains qui doivent être des personnages des plus pittoresques et donnerais je ne sais quoi pour entendre les propos d'un « instituteur kabyle mobilisé ». La Mitidja la nuit ! Cela doit être épatant ! Je ne connais Boufarik.... et la ligne jusqu'à Blida qu'en plein jour sous des nuages de poussière. Sous les « chastes » étoiles, cela, certainement, prend un caractère impressionnant.

Et ils doivent en faire une musique, les Cagayous dont vous me parlez ! Se lever à minuit ! C'est l'heure à laquelle, naguère, ils commençaient à penser à se coucher ! Je revois en idée tel ou tel rigolo connu jadis là-bas, dans la rue de Paris, la rue Marey, (la mienne), ou la rue de Belfort, vêtu en zouzou, embêté par « Rosalie » qu'il rêve de lâcher comme une simple moukère et jurant de toutes ses forces dans la grande plaine sonore aux petits palmiers poudrés de micas stellaires. Car les officiers, en ces heures de camaraderie, doivent être peu féroces pour les écarts de galoubet.

Vous avez tous les échantillons du Nord-Africain dans vos rangs; pourtant, je parie bien que vous n'y comptez pas un « moutchou » ! Oh ! un moutchou déguisé en zouave, ce serait ce serait trop beau ! Oh ! leurs bedons, si jolis sous la chemise courte, qui n'a rien de la gandoura, comme ils seraient effrayants dans une culotte ! Et puis, je ne les vois pas dans l'armée. Je me les figure disant à une voisine européenne :

« Tu sais, la Madame, moi ji veux pas aller voir les Boches. Ji gagnerais pas des sous par là, mais des pruneaux; et des pruneaux, moi j'en vends, mais j'en reçois pas ! »

Nous venons, nous, ma femme et moi, de faire aussi la guerre : mais la guerre aux punaises. Ayant été obligés d'aller à Vescovato et à Venzolasca (Nord-Est de l'île, arrondissement de Bastia), nous avons failli être dévorés dans un hôtel de Vescovato qui ressemblait à une hôtellerie de Cervantès ou de Quevedo. Enfin, nous avons fait une belle résistance, pris la tranchée des punaises, et malheureusement, je crois, amené quelques prisonnières qui ont, très probablement, infesté et infecté un hôtel de Corte où nous avons couché le lendemain. Après bain, nous nous sommes passés au pétrole.

On nous raconte ici un tas de fourbis étranges : Un jour les Bulgares font cause commune avec les Turcs; le lendemain ils s'allient à nous ! Il n'y a plus moyen de s'y reconnaître. Animés du mauvais esprit des civils *endurcis,* nous souhaitons que Turpin, notre Turpin national, fasse des *trous* dans *tous* les territoires appartenant aux nations ennemies, qu'il y fourre de la poudre de salopiure de casselagueulium et fasse sauter tous les habitants militaires ou non de ces territoires. Voilà un beau rêve ! Et ne sommes-nous pas aussi féroces que les Prusseboches ?!!?

J'espère bien que cette terrible guerre finira bientôt et que vous n'y prendrez part que pour figurer dans les cortèges triomphaux.

Après cela, je crois qu'on nous laissera travailler, enfin, sans nous obliger à taper au plafond avec un balai, comme on le fait à Paris, quand les voisins du dessus jouent du piano à douze mains trop peu de temps avant l'aube !

Présentez, je vous prie, mes hommages respectueux à Madame Arnaud et mille amitiés à vos enfants.

Bonne poignée de main et excusez-moi d'avoir été encore si gâteux aujourd'hui.

Votre ami,

John-Antoine NAU.

Géniaux est-il encore à Alger ?

Je crois que mon ami, le poète Léo Loups, d'Alger, est aux Dardanelles. Un Algérien m'a dit ça.

*
* *

Ajaccio, Cajibi Miot,

Sahara Miot, 21 octobre 1915.

XXIV

Mon cher ami,

Je crois que je suis encore plus dégoûtant que de coutume ! Je vous réponds au bout d'un mois ! Vraiment je mériterais d'être fourré au *mitard* comme un simple zéphyr.

Cette guerre m'a donné une mentalité de moutchou. Je passe ma vie à « *marronner* » et à ne rien faire de propre; la paresse marécageuse m'envahit et je constate avec chagrin qu'un bon nombre de ceux qui, comme moi et le chocolat Menier, blanchissent en vieillissant, font des trompettes effroyables et grognent, eux aussi, toute la journée. Notre génération, à nous, fut *héroïquement* pacifique et atrabilaire, voire muflarde : 'Fallait pas qu'on nous em....bêtât ou bien nous commencions à ruer, (mais *civilement;* notre brutalité était antimilitariste !) Un comptoir de moutchou, une jolie petite siné-

cure ou une table « *à copie* », nous ne voyions pas autre chose :
Notre « bravoure » se contentait de combats racontés par le
cacographe Gustave Aymard ou au besoin, par l'excellent Hec-
tor France. Nous sommes fiers, certes, de nos *juniores* moins
avachis et plus disciplinés que nous; mais ils nous inquiètent !

En dépit de ces cochons de Bulgares, nous avons, ces temps-
ci, d'assez bonnes nouvelles : Je crois que bien avant un an, les
doux Boches collectionneurs de *pichoux*, de montres et de
faleurs de toute espèce, auront décidément fait *kapout*. Hélas !
mes espoirs ne sont guère soutenus, encouragés, par l'un de mes
amis qui veut absolument que la guerre dure encore *des années* ! *Des* années, le sagouin ! Pourquoi pas dix-sept ans, pendant qu'il y est ! Royère, au moins, lui, est comme moi (avec
moins de grognements à la clef : il est gai, lui, le frère). Il espère
la paix à brève échéance, grâce à l'épuisement des Bochards !
Le fait est qu'on en démolit — et pas pour rire — de ces sales
bestiaux-là ! Ils fondent dur, ces temps-ci, bien qu'il ne fasse
guère chaud; et quoique nous ayons perdu trop de monde,
hélas ! nos pertes sont aux leurs comme 1 est à 4, — à peu près.
Il faudra bien qu'ils lâchent le morceau — et un bout de la peau
de cette vieille gourgandine de Germania, avec le morceau.

Je suis heureux de savoir que Madame Arnaud est venue
vous rejoindre avec vos filles. Ce sera un rude réconfort pour
vous de voir des figures aimées, quand vous serez saturé de la
vision de cafetières de Boches.

Les hijos des Españoles doivent être assez rigolos à contempler : Je parie qu'ils refusent les godillots et demandent à
faire l'exercice chaussés d'alpargatas : J'en ai connu de bien
réussis aux environs de Huelva et de Malaga ! Ce sont de bien
braves bougres et d'un pittoresque férocement beau !

Je ne savais pas qu'Aumale fût entouré de si beaux paysages, bien que Léo Loups, qui fut juge de paix à Aïn-Bessem,
m'eût dit que la région était mieux qu'agréable.

Vous ai-je dit que je croyais Léo Loups actuellement aux
Dardanelles ?) Et que deviennent Genella, Tustes et Gojon ?
Genella avait du talent ; Tustes que je connaissais beaucoup
plus, me rappelait agréablement, sans s'en douter, Haïti et la
Martinique; quant à Gojon, je ne connaissais de lui — (et de
vue seulement) — que son père qui avait quelque chose à faire
avec l'Hôpital du Dey. Il faisait, paraît-il, (le fils), des vers assez
adroits. Vous me direz, sans doute, qu'on ne sait plus, à présent,
ce que deviennent les compatriotes et cela se comprend avec ce

maëlstrom dans lequel nous vivons. — Il y a des jours où je regrette Alger : on y était bougrement plus intelligent qu'à Ajaccio !

Bonne poignée de main, mon cher ami, mes hommages respectueux et les compliments de ma femme à Madame Arnaud, amitiés aux fillettes.

Votre vénérable et un peu gâteux ami,

John-Antoine NAU.

Il y avait bien longtemps que je n'avais entendu parler de Géniaux. J'espère que vos yeux vont mieux.

*
**

A Monsieur Robert ARNAUD,

au 1ᵉʳ bataillon territorial de zouaves (4ᵐᵉ compagnie).

Aumale (département d'Alger).

AJACCIO (Corse), place Miot.

'7 novembre 1915.

XXV

Mon cher ami,

Excusez-moi du retard que j'ai « *apporté* » à vous donner l'adresse du copain Royère (je deviens de plus en plus louftagnac, ces temps-ci).

Le bon Jean Royère demeure

33, rue Franklin (XVIᵉ).

depuis qu'il a lâché la rue Lauriston.

Alors, infortuné et bon confrère, vous voici obligé de faire des chiffres ! c'est une occupation assez hideuse et je vous plains, car j'en fis, (heureusement pendant peu de temps !) à ma sortie du collège : Je ramassai, en cette courte période, plus d'.... engueulades que pendant mes dix années de bahut : je n'avais pas « *le don* » et crains bien que vous ne soyez dans mon cas. (La littérature et l'arithmétique — comptabilité n'ont ensemble que de vagues rapports).

Il me serait doux de voir le chic intense, extravagant, des
« Viva España » qui font les « zouaves » actuellement dans le
Moghreb algérien. Ces braves « chulos » doivent être délicieux
à contempler avec leurs alpargatas, leurs « pitillos » (cigaril-
los) et leurs brunes figures si peu, si rarement lavées. Sous ce
rapport, les Corses n'ont rien à leur envier : Ce sont de braves
gens, les Corses, mais ils n'ont qu'une certaine sympathie pour
la serviette-éponge. On (?) raconte que l'un d'eux, ayant demandé à sa marraine- (fée, bien entendu !) un moyen de net-
toyer sa figure *par trop sale* et de diminuer le poids de son chapeau alourdi par vingt étés de poussière sartenaise, reçut d'elle
une cuvette pleine d'eau et une brosse : le bougre versa le con-
tenu de la cuvette sur son « capello » et se passa vigoureuse-
ment la brosse sur la tronche. On (?) ne dit pas s'il fut satisfait
du résultat. Je me figure qu'il pensa que la brosse faisait de
drôles de raies, de sillons ! sur la peau des joues.

Dire que je n'entendrai jamais la chanson de « Hadj Guilloum ! » Ce sale singe de Hadj Guilloum sera toujours, j'en suis
convaincu, beaucoup plus ignoble à voir que Golo-Bakel, auquel
je vous prie, en grand pithécophile que je suis, de présenter des
« civilités empressées » d'ancien antillais. Je suis sûr que Golo-
Bakel et moi nous entendrions à merveille. Sénégalais à quatre
mains et fils de l'Amérique sont faits pour sympathiser.

Ah ! mon ché confoué ! comme ces Euwopéens sont
cwuels ! Voici qu'ils fichent mes petits amis de la Mâhtinique
sur les hautes terres du département d'Alger ! Les pauvres gens
ne vont pas rire et — sans plaisanterie cette fois — je me figure
d'avance les pauvres faces devenues grises, des « chés compés »,
si gais dans la belle côlônie, et rendus si désolants par la trop
fraîche Algérie des collines. Ils lui trouvent des cheveux à la
« Mé Patouie » !!

Moi, je n'ai pas lu tout ce que Lafcadio Hearn a consacré
aux Antilles. Je ne me rappelle bien qu'une nouvelle intitulée
« Stranger than Fiction » qui était à la fois effrayante par un
caractère de « *nègue* » féroce qu'elle évoquait et exquise par le
velouté lilas doux — et vert sombre — et luisant — des paysages de la côte Est de la Martinique — bien connus de moi.

Ah ! mon cher ami, c'est moi qui suis honteux de mon état
d'âme, car je voudrais sympathiser en tout avec vous ! Ayayaïe !
comme on dit aux Antilles que je désirerais tant pouvoir reven-
diquer comme ma patrie, je ne puis arriver à être bismarkien
pour un sou ! Homme violent pour les petites choses, je suis

férocement pacifique pour les grandes, et rêve — bêtement sans doute — une absolue union des races pour le bien général de l'espèce et la judicieuse exploitation fraternelle de l'astre merveilleux qui est nôtre (Joseph Prud'homme).

En tout cas je vous serre bien cordialement la main et vous prie de présenter mes plus respectueux hommages à Madame Arnaud et mes grandes amitiés à vos enfants.

Votre ami,

John-Antoine NAU.

*
**

AJACCIO, Cahute Miot.

Sahara Miot, 2 janvier 1916.

XXVI

Mon cher ami,

Vous devez trouver que je ne mets pas grand empressement à répondre à votre aimable lettre; mais la bronchite, ma compagne ordinaire, étant devenue acariâtre, voire aiguë, la sale créature ! m'a mis, pour quelques jours, hors de combat.

Que je me hâte donc, dès le commencement de ma lettre (être distrait et confus que je suis !) de vous faire pour ma femme et pour moi, à Madame Arnaud, à vous et à vos enfants, nos meilleurs vœux pour 1916, année qui doit d'après quelques mages *laïques*, nous débarrasser de la plaie allemande et de quelques autres maux dangereux.

Les journaleux nous embêtent : ils imaginent un tas de trucs *scorbutiques* (comme disent les marins); ils nous chantent « Tout à la joie » (air de Farhbach, — encore un Central !) puis nous mettent les nerfs en boule en déclarant qu'il n'y a rien d'fait et qu'on a abusé de leur innocence. Mais il y a des gens un peu mieux informés que ces sous-marins de la publicité et l'un d'eux, un romancier connu et lié avec un tas de bonshommes *costauds* qui n'ont rien à faire avec la gazette, m'a déclaré que l'horizon s'*éclaircissait* depuis quelques jours. Ça n'a l'air de rien. C'est une modération de ton extrême, mais comme le copain était, jusqu'à présent, d'un pessimisme farouche, c'est énorme ! Je suis certain que le bougre *sait quelque chose*. D'autres gens raisonnables et peu emballés semblent prendre très bien des choses qui, à moi, être naïf, paraissent plus que médiocres. Il y a du bon dans l'air ! Bravo ! Il y aura donc encore un printemps après cette sinistre année 1915 qui ne connut point de *primavera*.

Très intéressants vos Kabyles, et combien différents des Bicots, comme vous le dites avec raison ! Pourtant, en français — en français seulement, — j'en ai connu de rudement forts, des Bicots ! (Il est vrai qu'ils étaient de Mustapha, y habitaient tout au moins !). Il y en avait un qui venait chez mon propriétaire, le père Fleck (rue Marey et rue de Belfort), lequel père Fleck, un bien brave homme, tenait un caboulot) et qui me disait : « Si tu savais, Monsieur, ce qu'ils sont c....llons, les agents de police d'ici; il y en a un qui veut me *piger* depuis quinze jours, au moins ! C' que je l'*sème* ! C'que je m'*cavale* ! C'que j'lui *fais la paire* ! Mais *y a pas* ! Y sera toujours *marron* avec un *canard* comme moi ! » Ce Bel-Haoûtt avait peut-être un casier judiciaire pas très net, mais il avait des mots de *Pantin* dans la.... bouche, — il n'y a pas à dire ! Concluons, provisoirement, que les Bicots sont plus *Parigots* et les Kabyles plus pratiques et mieux informés de la vie mercantile.

Ce doit être très beau, la Kabylie ! Loups m'en avait parlé. (Il fut juge de paix à Fort-National même !) Je suis devenu jaloux de vos randonnées; ce printemps, je ferai, en Corse, un voyage à pied à la Kabyle, si la guerre est terminée d'ici là, comme je le crois. Et je vous raconterai les vallées vertigineuses de Sainte-Marie-Siché, de Zicavo, de Bastelica, les chênes-lièges monstrueux, les châtaigniers de cauchemar, les terres d'or rouge et les prairies presque anglaises semées de fleurs de neige, d'aurore et d'or.

Bonne année, cher ami, à Madame Arnaud, à vous, à vos enfants. Forte poignée de main.

Votre ami un peu moins déprimé,

John-Antoine NAU.

*
* *

Ajaccio (Corse), Gourbi Miot.

Bled Miot, 19 février 1916.

XXVII

Mon cher ami,

A la bonne heure ! Vous avez une façon « d'être triste » qui m'a fait me gondoler comme une vieille tôle, pendant au moins un bon quart d'heure ! Ma femme se roulait comme moi ! (Et nous n'avions aucun motif d'être gais : morts d'amis, inquiétudes pour des parents, embêtements panachés, nous travaillaient dur, au moment de la réception de votre époilante lettre). Nous avons été guéris du coup et je vous dois de sincères remerciements.

Je ne vous reprocherai qu'une chose : vous avez failli me brouiller avec ma femme à la suite de l'accès de furieuse lubricité qui m'a pris quand j'ai lu la description des charmes de votre cantinière !

Malgré mon horreur du froid, mon cher ami, je serai forcé de venir à Fort-National. Je suis (presque pareil en cela à Don Quijote, enflammé à distance par Aldonza, dite Dulcinée qu'il avait à peine vue), enragé d'une folle passion qu'alluma en moi l'inconnue, mais splendide vieille Marseillaise. Je la plongerai dans quelques étangs, et on verra un peu !

Heureusement, la violente et coupable attraction exercée sur moi par la trop excitante Phocéenne s'atténue du fait que j'éprouve une immense.... affection « platonique (??) pour la directrice de l' « hôpital anglais »... pour ... Serbes, situé juste en face de ma camphouine, à 200 mètres tout au plus : Miss Coaltar — (orthographié-je bien ?) — a des cheveux d'un blanc-gris-cendre-de-pipe, une mince figure au doux teint campèche, un corps droit et mince comme un I de paveur et des gestes qui rappellent les mouvements des télégraphes optiques. En y réfléchissant bien, je me dis que je me les annexerai toutes les deux, bravant la colère de ma femme, et que, comme disait le *Buteau* de la « Terre » de Zola, j'aurai ainsi les deux extrêmes de la beauté féminine, — une dure et une molle, — et me *dulcifierai* (Mardrus) jusqu'à « la limite de la délectation ».

Sans blague, j'enverrai votre lettre au frangin Royère, capable, comme moi, d'en comprendre toute l'admirable beauté picaresque. Dites à votre cantinière qu'elle a un amoureux inconnu en Corse : elle vous en sera reconnaissante. Ne lui dites pas, par exemple, que le sadique amoureux est *dans les cinquante*. Laissez-lui croire que je suis un petit jeune homme de quarante printemps. Le pauvre Royère sera content, ravi, de lire cette superbe et estomirante lettre de vous : il a bien des embêtements en cette sale époque et cela lui remettra du sourire plein la peau.

Oui, cher ami, nous avons, en face de chez nous, un hôpital anglais.... pour Serbes : l'hygiène anglaise est étrange. Dès qu'il y a un maussade rayon de soleil sur cet Ajaccio, assez glacial en hiver, malgré les guides, (Ah ! rendez-moi ma Guadeloupe et ma savane !) on sort les blessés sur leurs lits et on les colle à la bise des « Sanguinaires » qui méritent leur nom. Les draps flottent comme des voiles et miss Coaltar. coiffée de son petit chapeau de drap à côtes, pincée dans « *un* » veste et « *un* » robe qui ressemble à *une* pantalon, a l'air de commander la manœuvre à des matelots.... étendus tout de leur long. C'est « quite picturesque, by Jove ! ».

J'espère que vous êtes satisfait de la santé de tous les vôtres, que vous allez bien vous-même et que l'exquise vieillarde de la cantine vous enseigne encore des recettes contre les « totos » et les « chinchès » quand ces sales bêtes attaquent les gosses, et puis contre toutes les maladies qui peuvent exaspérer notre pauvre humanité. Je l'entends d'ici : « Ah ! Moussu Arnaould, j'avais un petit qui avait attrapé une.... tiède-lance ! Un pichon en bas âge : il n'avait que dix-sept angnes ! Je lui ai tout coupé avec des ciseaux, Môssio, et maintenagne, il marchera toujours droit et fera le bonheur d'une femme pas trop exigeante. Il ne la trommmpera pas, en tout cas, Bou-Dioû ! »

Tous les compliments de ma femme à vous et à Madame Arnaud, à laquelle je présente mes respectueux hommages. Je vous serre cordialement la main et demeure votre bien dévoué ami.

John-Antoine NAU.

Soyez encore triste, ô ami Randau ! Cela vous rend magnifiquement rigolo philosophique !

J'ai relu ces jours-ci « L'Aventure sur le Niger » et « Les Colons ». Ces livres sont très forts et passionnants.

P.-S. — Mille amitiés aussi à vos enfants : I shall be very glad to speak english with yoour daughter. How old is she ?

P.-S. — Ne savez-vous plus rien de « Mon ché âmi Missié Daniel de la Mâhtinique, échoué au Sénégal :

*
* *

Ajaccio (Corse), Cabanon Miot.

Plage-Fumier Miot, 5 avril 1916.

XXVIII

Mon cher ami,

Il est dit que toute ma vie je commencerai mes lettres à mes amis par des excuses au sujet de ma paresse ! Ah ! J'en ai une jolie couche depuis que je me suis avisé d'être malade de fièvre bilieuse, de bronchite, etc. ! Je ne fiche plus rien du tout, je ne suis même plus capable de sortir; je somnole toute la journée et deviens gros comme un moutchou, de toute la mauvaise graisse des moutchous. Il ne me manque plus que la « chemise d'enfant » et des jambes sales noblement découvertes pour ressembler exactement à un fils de Ghardaïa ou de Metlili.

Je vous plains d'avoir dû vous éloigner des parages embellis par la mère Barbaroux; je sens ce que je souffrirais à votre place et ne me consolerais que le jour où il me sera donné de faire un tour à Alger afin d'admirer enfin cette « princesse lointaine » que toute l'incorrecte et splendide poésie de notre Rostand national ne parviendrait pas à célébrer dignement. Oh ! la voir un jour se laver les mains dans le lait du petit déjeuner ! Mais il me semble qu'elle imite en cela la princesse Belgiojoso, amie de Musset, laquelle prenait des bains de lait. Bains généraux ou bains partiels, au fond c'est toujours le même tabac ; c'est toujours le *luscre,* la grande vie.

Mes félicitations pour votre grade de caporal-fourrier. J'aimerais à vous entendre engueuler vos hommes !

Mais quand vous serez dans les troupes sénégalaises (1), où va-t-on vous envoyer ? Vous serez bien gentil de me tenir au courant de vos changements de postes.

---

(1) J'avais postulé, une fois mobilisé, mon affectation aux troupes sénégalaises. J'étais administrateur des colonies. Cette faveur me fut refusée.
(R. R.).

— 59 —

Miss Coaltar, comme vous l'appelez fort judicieusement, est toujours belle; elle est en bois, mais en bon bois. Elle aime beauwcôûp seis mâlâdes et se fiche un sacré coton pour eux. Elle en guérit beaucoup à l'aide de son sale système d'exploitation à la brise froide et au soleil d'avril mesquin, mais méchant avec perfidie.

Mais les Serbes ne sont pas encore contents; ils ont remarqué que dans le hideux petit terrain vague que j'appelle mon jardin (à cent cinquante mètres d'eux, mais dans le même terrain), il y a une grange ou une écurie désaffectée. Se souvenant de l'étable du Christ, ils ont voulu y installer une chapelle grecque orthodoxe qui deviendrait le rendez-vous de toutes les élégances serbes dominicales. L'agent du propriétaire nous a tannés, et comme nous n'avons fait qu'une vague et incertaine résistance, nous avons maintenant eau, anciennes plates-bandes à légumes, broussailles et chapelle grecque, pas à tous les étages, mais dans notre jardin (?) à cinq mètres de notre boîte ; *ils* ont retiré la vieille paille qui moisissait dans la grange-écurie, un peu blanchi les murs, à la chaux, et collé sur les tuiles du toit bas une petite croix de bois blanc qui vient droit de l'atelier du menuisier, sans peinture, sans fignolage d'aucune espèce. Je ne blâme pas, je constate. (Et puis c'est peut-être moins laid comme cela !).

Le dimanche, la foule des Serbes qui gîtent dans Ajaccio se précipite pour assister à la messe. Comme l'église contient deux personnes et demi (soyons généreux et mettons cinquante Serbes *debout,* ainsi que l'on inscrit sur les wagons à bestiaux); comme d'autre part il vient bien trois cents amateurs pour les offices, le malheureux jardin, déjà si laid, est encombré de balkaniques en tenue. De belles jeunes femmes vêtues à la dernière mode des Batignolles et de Belgrade, sont agenouillées sur les choux et les petits pois. Quelques-unes s'affligent au souvenir de la patrie absente, s'essuient les yeux du pouce, puis se mouchent dans leurs doigts, passant ensuite sur leurs narines quelque joli petit mouchoir brodé. Dans l'étable, les chantres beuglent, le pope rauque, de vieilles dames piaulent et je pense moins à une église serbe qu'à l'Arche de Noé. Je me croirais devenu sacristain, s'il n'y en avait un vrai (de sacristain !) qui, loin de nous offrir un pur type slave, ressemble à un vieux Turc d'Eyoub ou de Brousse. (Les Turcs ont jadis beaucoup violé en Serbie et en Bulgarie).

Enfin, nous voici, ma femme et moi, devenus en quelque sorte, gardiens d'un sanctuaire orthodoxe, avec l'infirmier an-

glais, vieux Tommy à moustaches blanches qui demeure au rez-
de-chaussée de notre boîte. J'ai envie d'installer un petit tour-
niquet à la porte de notre jardin et de faire visiter, en semaine,
l'église à de pieux pèlerins serbes nouvellement arrivés. J'aurai
une sébile, bien entendu, et quoi qu'en aient dit mes parents,
je me ferai peut-être, sur le tard, une « situation », à force de
débiter un petit boniment que je compose en ce moment dans
ma tête. Je pourrais peut-être aussi transformer la très saxonne
Miss Coaltar en sainte serbe *miraculée*, changée en femme de
bois pour ses péchés.... Enfin, je deviens gaga; mais dites-
moi comment tout va pour vous. Présentez mes respectueux
hommages et les compliments de ma femme à Madame Arnaud,
et recevez la forte poignée de main que vous administre votre
cordial et antique ami

John-Antoine NAÜ.

*
**

Ajaccio (Corse), Villa (?) Miot.

Place Miot, 3 juin 1916.

XXIX

Mon cher ami,

J'espère bien que Madame Randau et votre enfant vont
tout à fait bien à présent. Si je ne vous ai pas répondu plus tôt,
c'est que j'ai été fort sérieusement malade, cette fois, d'un accès
de bronchite *aiguë* (j'aime mieux la « *chronique* », après nouvelle connaissance avec l' « aiguë »). J'exagèrerais peut-être en
déclarant que je me suis senti crevard, mais je n'en menais pas
large, et, chose bizarre, je suis devenu complètement *sourd*
après cette sale affaire.

J'avais déjà l'oreille un peu dure avant cette secousse, mais
maintenant, on est obligé de me crier *dans les conduits auditifs*
pour que je saisisse deux ou trois mots qui me permettent de
me rendre vaguement compte du sens de la phrase que l'on
prononce à mon intention. Ce sera, paraît-il, temporaire et je
retrouverai ma demi-surdité (si agréable en comparaison) qui
me laissait la faculté d'entendre encore les trois quarts de ce
qu'on me disait.

Comment tout va-t-il en Algérie ? Ici, le flegme corse rend la population impassible en apparence et l'on continue à discuter interminablement sur la durée de la guerre. Je ne recueille plus aucun propos direct (ne sortant plus). mais quelques échos me parviennent du dehors. Il paraîtrait qu'il y a deux écoles, ici : l'une veut que la guerre ne puisse finir avant un an, à cause de tout ce qu'il y a à *déblayer* en Belgique, dans l'extrême nord de la France, etc.; l'autre prétend que les Allemands sont f.... ichus, *accrochés*, démolis; qu'ils ne tiennent plus qu'en façade, que Verdun sera le tombeau de leurs fâcheux espoirs et que, dans quelques semaines, nous pourrons, fort tranquillement, reprendre nos petites discussions byzantines, nigaudes, peut-être, mais combien préférables à cette guerre, glorieuse, je le veux bien, (quoique mon instinct profond gueule comme un âne, aussi ennemi des victoires que des défaites, l'animal), mais qui nous aura coûté plus d'un million d'hommes. (Hélas ! je suis bien au-dessous du chiffre vrai !).

La dernière opinion citée semble trouver quelque faveur en Angleterre, où l'on « rêvait » tout d'abord à une guerre de trois ans; elle est admise aussi par quelques Français des moins cucus, tel notre ami commun, l'excellent écrivain Thibaudet, dont le copain Royère m'a rapporté les dires.

En tout cas, il y a, présentement, presqu'autant de sous-marins boches que de bouchons flottants dans cette vieille Méditerranée, lac de nos ancêtres. Puissent Thibaudet et ses co-opinants avoir raison; puisse l'Allemagne être vite nettoyée, râclée jusqu'à l'os et puissions-nous reprendre ces fameuses discussions byzantines. Nous ne demandons pas autre chose.

Les Serbes et les Anglais *continuent*, en face de chez nous. Un professeur de gymnastique du sexe féminin (la bougresse a de fort belles f.... hanches !) s'est fourré dans la tête de faire respirer les blessés les plus valides comme de véritables accordéons. (Comme elle est Anglaise, elle dit : « Il leur faôté de l'aïr dans *le poïtrène* »). Alors elle les réunit dans *le* cour ou dans *la* jardin, comme vous voudrez, sur l'herbe tendre, les colle en file et leur fait exécuter de terribles mouvements de bras, de buste et de jambes. Elle-même prêche d'exemple : il faut la voir s'accroupir (c'est très beau !) se relever d'un bond, les bras lancés en l'air, *le* poïtrène tendue et gonflée, puis se caler à quatre pattes sur le gazon (toujours pour mieux respirer), se dresser d'un coup de reins et danser *un* sorte de gigue qui rappelle Bullier. Les blessés serbes à demi-valides font de leur mieux, mais sont moins amusants à voir que leur monitrice.

Du reste, on ne nous laisse pas nous ennuyer ici; on nous vaccine, on nous purge, on nous raconte des histoires de sous-marins; on nous donne des représentations de courses de torpilleurs; la nuit, les projecteurs des forts *prennent* le gros remorqueur blanc du port qui consent à jouer le rôle de vaisseau de guerre ennemi pincé au tournant du golfe. Quand il est chopé, l'animal de remorqueur est superbe; on le croirait tout fait d'énormes diamants d'un éclat un peu verdi, éblouissant. Mais j'aimerais mieux, tout de même, lâcher Ajaxgrad, patrie de Napoléon Ier (et insupportable petit fumier de province) et revoir de la *vraie* campagne, soit sur le *Continent*, soit aux Antilles.

J'espère que vous pourrez me donner de bonnes nouvelles des vôtres et de vous-même.

Mes hommages respectueux et les meilleurs compliments de ma femme à Madame Arnaud; mille amitiés aux enfants.

Pour vous, une bonne poignée de main de votre encore mal fichu mais dévoué ami,

John-Antoine NAU.

Ajaccio (Corse), place Miot).

W.-C. Miot, 5 juillet 1916.

XXX

Mon cher ami,

Je veux avant tout vous remercier des merveilleux moutchous (1) qui sont arrivés en superbe état de conservation. Ces sacrés bougres-là sont épatants. Il ne leur manque même pas la parole, car j'ai la conviction que l'un d'eux, celui qui porte un panier, m'a dit, au moment où je le développais, un mot extrêmement malfleurant avec le plus pur accent de Ghardaïa.

Je remercie bien aussi Madame Randau qui a bien voulu se déranger pour m'envoyer ces sympathiques enfants au « pays pierreux ».

---

(1) J'avais envoyé à Nau quelques bois découpés et peints du bon artiste algérois Herzig, qui représentaient des silhouettes de Mozabites.

C'est très gentil de votre part de vous être souvenu de l'intérêt amusé qu'ont toujours éveillé en moi les excellents moutchous.

Quand je vous disais que ces types-là parlent, même quand ils sont en bois ! L'un d'eux, celui qui a de gros bras de femme de ménage limousine (de Montmartre) me donne des conseils pour mes vers. Il m'a dit : « Eh bien, Sidi C.... llon, tu est em.... bêté pour le titre de ton sale bouquin de ridicules poésies de Roumi : Appelle ça « poèmes triviaux et mystiques ». Ça répondra bien aux deux grotesques aspects de ta stupide nature; tu es trivial comme un cocher de Rodez, tu n'aimes que les gros mots et les obscénités et tu en ris comme un chacal saoûl de viande pas trop fraîche; d'un autre côté, quand tu es rond, ce qui arrive souvent, tu as des visions de ratichon, de jésuite en goguette. » Et j'ai obéi au moutchou; ça s'appellera « Poèmes triviaux et mystiques ». L'autre, celui qui a un panier, m'a donné un plan de roman à la condition expresse « qu'il y aurait un moutchou *d'dans* ». Ça y sera.

Vous voyez que vous m'avez rendu fort heureux. Désormais je consulterai mes moutchous, comme les Romains, nos ancêtres, consultaient certaines crapules d'oiseaux d'une roublardise sans égale. Je vous remercie encore bien sincèrement.

Ah ! comme je comprends que vous ne professiez pour le métier militaire qu'une affection mitigée ! Ce qu'on doit être barbé dans cette congrégation-là ! Maintenant vous avez raison de patienter en vous disant que vous ramassez dans ce fourbi-là des documents d'une valeur sans égale.

Je me sens une affection fraternelle pour l'adjudant qui remercie si gentiment l'institutrice de son bouquet de fleurs, et, si je connais bien les « dames enseignantes » de la Mitidja et des Sahels circonvoisins (disposés en crête tout autour) je me figure que la chaste demoiselle, aux trois-quarts mahonnaise ou « hija de Valencia o' de Murcia » ne s'est pas trop alarmée ni formalisée; elle aura trouvé le « cabellero » vif dans ses propos, mais plutôt engageant « uno de estos señores que no dan verguenza por sus palabras » qui, tout au contraire, « entregan aliento a cada uno y cada una para *hacer su deber* » ; et je parie (yo apuesto) que ça aura très bien fini entre l'adjudant et la jeune propagatrice du mauvais français. Très chic, aussi, cet admirable commandant qui ne voit rien de plus beau que ses « élèves » et donne leur nom, *en éloge*, à ses soldats et sous-offs. (Il est vrai que ses soldats traduisent !).

Je ne demande qu'une chose, c'est que vous n'alliez pas du tout à Salonique; il paraît que cela va beaucoup mieux par là, à présent, mais que le pays, en dépit d'un pittoresque indiscutable, est absolument exaspérant à mille points de vue.

Je crois, les choses ayant l'air d'avancer vite en ce moment, que vous ne serez pas obligé de voir les « bords achaïens ». J'ai un ami d'Alger qui est là-bas, Albert Tustes, fils d'un marchand de comestibles *select* de la rue Michelet (un ami dont je pourrais moi aussi être le père : il n'a pas vingt-cinq ans; disons vingt-sept et n'en parlons plus ! Je l'aurais eu un peu jeune, et puis après ! Oh ! pas si jeune, après tout !) On a publié de lui dans les « Annales » un poème saloniquois qu'on a signé *Albert Tuttes*; mais j'ai très bien reconnu la forme et les idées de mon ami Tustes. Le bougre saura bien rectifier, mais j'ai presque envie d'engueuler les « Annales ». C'est comme si ces macaques avaient signé mon très mauvais de l'autre jour : J.-Ant. Veau. Ce serait vrai, mais pas poli.

Connaissez-vous le nom du canonnier qui a écrit « Ma Pièce » ? Vous seriez bien aimable en me le communiquant, ce nom....

Mes Serbes ? Que le bon Dieu les patafiole ! Ils commencent chaque jour à jouer de la flûte à cinq heures du matin et ne s'arrêtent qu'à dix heures du soir ! Et ils sont malades ! Que serait-ce s'ils avaient la santé de l'un de mes moutchous ? Et encore, on ne dirait rien, s'il n'y avait que la flûte, mais il y a un maudit slave de mon.... dos qui a trouvé quelque part un *accordéan* ??? Les flûtistes jouent en *do* — par exemple — et lui joue en *mi bémol* (une supposition). L'ensemble est horrible. Pourtant il y a un détail charmant. A certaines heures de la journée, d'autres blessés convalescents, animés par la douce musique, éprouvent le besoin de danser; et c'est l'Arcadie sur le gazon brûlé de l'ex-villa Marchi (Grande Villa Miot à présent. Nous, nous ne sommes que la petite villa Miot). O ces bergers qui dansent la *mazurka* sur *l'herbette* chère aux poètes du XVIIIme siècle, tandis que la flûte joue « Boje Tsara Krani » et l'accordéon « Tr. d. chose pour la Mère Canut ! » ou enfin quelque chose comme ça. C'est adorable !

Royère ? Ce cher vieux copain semble un peu atteint de constipation épistolaire. Naguère nous échangions de très fréquentes lettres. Ces temps-ci, nous avons bien l'air d'éprouver la plus violente flemme. Il va toujours bien, se fait comme nous tous quelques cheveux, mais dans le fond, il est plutôt optimiste que pessimiste. Les succès franco-anglo-russes de ces jours derniers doivent l'avoir un peu émoustillé et j'attends une forte lettre de lui.

Merci encore, mon cher ami, à vous et à Madame Randau à laquelle je présente mes hommages respectueux. Et vos enfants ?

Ma femme vous dit mille choses amicales.

Forte poignée demain de votre insénescent et podagre, mais bien dévoué ami.

John-Antoine NAU.

Rouen, 16 septembre 1916.

chez Monsieur Moussier,

8, rue Periaux.

Mon cher ami,

Je vous adresse avec honte les plus plates excuses. Nous avons eu, depuis un mois, toutes les tristes aventures les plus fâcheuses.

La sœur de ma femme est morte; nous sommes venus ici pour voir notre beau-frère qui, bien que Parisien, habite cette monumentale bourgade depuis près d'un demi-siècle. (Il a 79 ans et naturellement se montre horriblement affligé d'un malheur qu'il n'avait pas prévu, puisque sa femme était plus jeune que lui de plusieurs années).

Notre voyage a été plein de péripéties désagréables ; à Paris, nous avons eu la consolation de passer quelques jours avec le bon Royère, mais notre temps a été pris, en général, par des démarches absolument assommantes.

Nous sommes donc dans la tristesse et l'abrutissement, et cette courte lettre pourra vous donner une idée de notre désordre moral.

Où irons-nous, à présent ? Sans doute et même certainement pas en Corse.... (En Bretagne ? Au Cambodge ou chez les Vaudoux ?). Je n'en sais plus rien.

J'espère que vous continuez à ne pas trop vous ennuyer avec les zouaves et à faire des observations intéressantes.

Ici temps froid, (en septembre, huit jours avant la fin de l'été), ciel maussade, rues boueuses; on ne rencontre plus que des Anglais en bois, montés sur ressorts et — heureusement — quelques Hindous plus pittoresques, mais transis, les pauvres diables : turbans écrus, faces variant de la couleur citron au ton sapotille en passant par le cigare — havane *doré,* — yeux agréablement féroces de Mesrours de féeries ou positivement « *antilopiens* », si j'ose me permettre ce barbarisme. Les cafés sont pleins de pancartes portant des prix de consommation en anglais : *Beer* 3 d 1/2, *Old Scotch Whisky* 5 d, *Old Tom Gin* 4 d.

Mais la cathédrale et les églises plongent leurs clochers fins et fleuris dans un ciel de goudron et de mastic; les trottoirs sont glissants et les vêtements semblent être en papier buvard imbu et même *traversé,* tant il fait humide. Que deviendra le temps de novembre ?

Excusez cette lettre idiote, mon cher ami; soyez assez aimable pour présenter mes respectueux hommages à Madame Randau et pour faire nos amitiés à vos enfants.

Une poignée de mains.

Votre abruti d'ami,

John-Antoine NAU.

*
* *

Rouen, 14 novembre 1916.
Chez Monsieur Moussier,
8, rue Periaux.

XXXII

Mon cher ami,

J'ai à mon tour, à m'excuser d'un accès de rétention épistolaire des plus pénibles. Hélas ! Cette maladie n'est pas due à des cancrelats-maçons ou autres, en tous cas extérieurs à mon individu, mais bien à de nombreux cafards internes que le doux climat de Rouen, son ciel pur, ses rues pleines.... d'ambroisie ont fait germer dans ma cafetière, comme eut dit le brave mais défunt Alphonse Allais. Quand ce Rouen découpe, sur un ciel en fumée de chandelle, les silhouettes de ses toits et de ses flèches, on se sent en veine de chaparder un aéroplane, même sans savoir s'en servir et.... d'essayer d'aller chercher un ciel moins fuligineux.

Les Anglais eux-mêmes paraissent moroses malgré l'infernale musique de leurs retraites (sur le coup de 6 heures), retraites égayées par le bruit de tonitruantes grosses-caisses, le sifflement d'instruments sans doute invraisemblables et les hululements des bag-pipes écossais. Il ne faut pas exagérer pourtant; j'en ai vu qui demeurent folichons et, malgré leur pudeur, batifolent dans les rues avec de petites grenouilles chapeautées, des bobonnes dodues, voire des conductrices (conductrices qui sont des *receveuses*, en général il y a très peu de wattwomen) de tramways en congé, mais encore coiffées sur l'oreille de vagues bonnets de police. Quant aux Hindous, je crois vous avoir dit que le froid les rendait grisâtres; les voici plutôt opalins.

Eh bien ! vous en avez vu de toutes les couleurs, n'est-ce pas ? Quand vous avez cherché à trouver dans l'armée un poste qui pût vous convenir et cadrer avec vos facultés et votre expérience acquise : on ne veut pas que Samba Boubou ait un chef blanc qui comprenne sa langue; ce ne serait pas « comme il faut » et les réclamations de Samba Boubou pourraient aller trop loin. « Ya bon » avec toubab qui ne parle qu'auverpin ou bellevillois.

Vous me demandez ce que je pense de Rouen ? J'aime beaucoup les dentelles de pierre de ses églises, deux ou trois vieux coins à maisons de bois et la vue d'ensemble qu'on a du haut du transbordeur. De cette *altitude,* les sottes maisons confortables de la rue Jeanne d'Arc et autres disparaissent presque et l'on a un paysage de toits et de faîtes de boîtes assez XVIme siècle, et même, çà et là, beaucoup plus vieux que cela. Seulement, c'est une fichue bourgade du point de vue des gens : ils ne savent parler que de bœufs, de veaux, de cidre et de pommes de terre. Ils doivent bien mépriser leurs compatriote, le grand Flaubert, et même le plus bourgeois Corneille, poète assez tragiquement épicier, mais encore trop vibrant pour leur goût. Ils n'estiment que les gens qui font des affainres (des affaires) et qui sont *éconaumes,* (ils prononcent comme cela). Leur nouveau Rouen est une merveille de hideur conciergesque et de *mesquine* absurdité *cossue.* (Ces deux adjectifs jurent ensemble mais rendent bien mon impression). Oui, j'aime assez les merveilleuses découpures du clocher de Saint-Maclou, par exemple, mais ce que je déteste, c'est le badigeon que le ciel *sale* de la Neustrie dépose sur tout ; un badigeon couleur de dessous de poêle à frire. Et puis, non ! je ne veux pas m'étaler sur Rouen. C'est un trou idiot où ce qui pourrait être beau, — ce qui l'est peut-être, en effet, — a l'air bête. Les villes ont une âme. Celle de Rouen est stupide et donnerait l'air *pochetée* au Tadj d'agrah si on l'avait « déposé » quelque part du côté du boulevard Beauvoisine (ou Bauvoisine); et il serait devenu gentil de couleur sous le ciel de Rouen ! Je puis ajouter que tout le monde devient idiot à Rouen après quelques semaines de séjour, moi tout le premier, comme vous pouvez le constater par cette lettre édifiante.

Hélas ! Nous prolongeons notre séjour ici jusqu'au jour où mon neveu, fourré dans les automobiles à Paris, pourra rejoindre son père.... à moins que Candace, député de la Guadeloupe, que jai barbé jusqu'au sang, ne me trouve quelque chose là-bas.

Ah ! oui, j'ai l'intellect culotté de suies épaisses et je vous en donnerai une idée en vous avouant que, lorsque je vais au caboulot, je commence à trouver du charme et de la poésie à un rétro ou à un massé exécuté sur le billard par un mégissier goîtreux ou un vétérinaire hydrocéphale.

Je vous envie de voir du soleil à Koléa. Le soleil, c'est ce qui me manque le plus. Et, au moins, vous pouvez contempler la beauté maigre de Mlle Cantinière fille ! Voici la seconde mauvaise passion que vous faites éclore en moi; j'avais un terrible pépin pour votre ancienne cantinière et maintenant je suis jaloux des *pépères* que s'offre la plus plantureuse héritière de votre nouvelle échansonne. Si j'étais libre de mes mouvements, je serais capable de filer sur Koléa ! D'abord, en ce cas, j'aurais la joie de vous serrer la main pour de bon, que je ne serre pour la minute qu'épistolairement, mais de grand cœur.

Votre très dévoué ami,

John-Antoine NAU.

Mes respectueux hommages à Madame Arnaud, à laquelle ma femme dit mille choses, ainsi qu'à vos enfants.

*
**

Rouen, chez Monsieur Moussier,

8, rue Périaux.

XXXIII

Mon cher ami,

Excusez-moi; malade de la bronchite aiguë et fort abruti, je veux pourtant vous envoyer mes meilleurs vœux pour 1917 ainsi qu'à Madame Randau et à vos enfants.

Forte poignée de main.

John-Antoine NAU.

P.-S. — Toujours bronchit*eux* (*chronique*), je viens d'attraper cette bronchite aiguë en Bretagne.

*
**

Tréboul-Douarnenez (Finistère), 28 mars 1917.

Maison de Mme Bor, près de l'Eglise.

XXXIV

Mon cher ami,

C'est cette fois que j'aurai des excuses à présenter en demandant votre indulgence ! Nous avons (enfin !) lâché Rouen, puis passé plus de quinze jours chez Royère, puis enfin gagné le pays des bigorneaux et des moules, j'ai nommé la Bretagne.

A Paris, chez Royère, nous avons été tout le temps malades de la bronchite, ma femme et moi , malgré les bons soins qui nous furent prodigués.

En Bretagne, nous avons retrouvé un froid de loup, des brises, (je dirais plutôt des bises) aiguës comme des couteaux de bouchers et un ciel plus sale que l'âme du fâcheux Hindenburg.

Quoi qu'il en soit, le pays est très beau et, dès qu'il y aura dix degrés de plus, ce sera un bonheur de parcourir les collines hérissées de pins sombres qui encadrent l'immense et admirable baie de Douarnenez.

Seulement, la leçon a porté, cette fois la recrudescence de bronchite aidant; nos « appareils respiratoires » ne veulent plus de l'air de l'Europe et, dussions-nous voyager dans une cale à bestiaux, si la guerre est finie cet automne et si les sous-marins bochards font relâche par conséquent, nous irons voir s'il y a encore des scorpions dans les cocotiers. C'est des îles à tort décriées et si adorablement splendides que je pourrai vous envoyer quelques « documents humains » intéressants et des photos comme on ne peut pas en obtenir sur la Côte dite d'Azur.

Ici, c'est beau, je le répète, mais polaire. A-t-on jamais vu un hiver qui dure encore le 28 mars ? C'est effroyable et dégoûtant. Il est vrai que les copains de Paris, Royère tout le premier, m'affirment par lettres que la vallée de la Seine est, cette année, en plein début de printemps, aussi glaciale que la Bretagne.... et la Norvège réunies. Si j'avais la moindre influence sur les « *grands concerts européens* » si cacophoniques et enlaidis de couacs mortels, je proposerais l'exode en masse de toute la race gallo-romaine, ibéro-romaine, etc., etc., vers, non pas les Antilles plus belles que tout, mais limitées, mais l'intérieur du Brésil ou les immenses régions bleues des lacs africains. Une race qui crève de froid ne peut rien imaginer ni faire de bon. J'ai connu de braves gens qui m'assuraient que le froid les rendait actifs; j'ai constaté le contraire *sur* moi et même sur des Scandinaves civilisés. Quand il fait froid, on n'est plus des organismes dirigeables, mais bien des masses gourdes et abruties. Le transa ! le transa ! Et des manguiers partout ! Hier soir, mon cher ami, j'avais les mains violettes et les pieds bleu de Roy. J'avais en même temps, le cerveau en pâte de lichen. Plus de froid ! Je rêve un tyran qui imposera à toute l'humanité raisonnable le bois de palmistes et de cocotiers à perpétuité.

Ici, on n'habille plus, comme naguère, (et encore aujourd'hui dans l'intérieur du département) les gosses en petits bretons de carnaval, mais on les empaquette en tant de frusques qu'on prendrait ces mômes pour de petits panaris qui *circulent* sous des *poupées* de linge et même de laine.

Plus près de Quimper, jusqu'à trois ans environ, on fagote les petits garçons comme les petites filles en réductions de « femme bretonnes ». Les petites filles n'ont rien sur le col de leur robe, mais pour les en distinguer, on colle aux petits garçons sur le col de leur veste, une petite broderie en fil d'argent représentant un gland de chêne. L'idée est assez jolie, n'est-ce pas ? (ma femme m'affirme que c'est sur le bonnet des gosses).

Je vais aller me coucher, — il est 10 h. 30 — et rêver pêle-
mêle aux bateaux de la rade de Douarnenez, à vos cantinières
qui me réjouissent et à mon éternelle bronchite qui me divertit
moins.

Encore mille excuses, mon cher ami, pour mon apparente
négligence épistolaire, mais comme disait le perroquet « J'ai
été si malade ! »

Mes respectueux hommages à Madame Arnaud et mes amitiés à vos enfants. Ma femme vous dit mille choses à tous.

Bonne poignée de main, mon cher ami, et croyez-moi votre
bien cordialement dévoué,

John-Antoine NAU.

*
* *

Tréboul-Douarnenez (Finistère), petite villa Jeanne.
Route de Saint-Jean, 26 avril 1917.

XXXV

Mon cher ami,

Ma foi, je comprends très bien qu'en ayant plein le dos
de garder les pégrotins, vous aimiez mieux aller voir des gens
plus intéressant dans les pays noirs. Samba Boubou est plus
amusant qu'Arthur Lapoisse ou même Juan-Alfonso Vaciabol-
sillo. On vous a fait faire une drôle de campagne; je m'en réjouis pour ma part, car j'aurais peu aimé voir au front un écrivain de votre valeur, mais je saisis très bien que vous soyez
dégoûté de surveiller des calabousses (1).

Vous allez retrouver sous les cocotiers sénégalais vos sujets
d'études habituels et votre retour chez les nègres musulmans
nous vaudra quelques beaux livres.

Alors vous avez terminé un roman et un recueil de philo-
sophie anecdotique, à la bonne heure ! C'est une bonne nouvelle
pour moi et pour bien d'autres qui, comme moi, aiment et admi-
rent vos œuvres. Par contre, je vois avec chagrin que je ne con-

------

(1) Ma compagnie de zouaves avait été affectée à la garde du bagne
militaire de Douéra. (R. R.).

— 72 —

naîtrai jamais votre « Mission en Mauritanie », car bou Diou !
(comme disent les Provençaux) vingt ans après votre mort, mon
cher ami, je serai bougrement squelettiforme !

Oui, j'ai eu des nouvelles du copain Royère. Il a du turbin
jusqu'aux yeux et ne me semble pas en veine épistolaire. Ses
lettres sont plus rares et plus courtes. Cependant, il n'y a pas
longtemps, à Paris, il m'affirmait qu'il avait l'intention de vous
écrire. J'espère bien l'avoir ici, cet été, (c'est chose entendue),
et si, par un hasard extraordinaire, il ne vous a pas écrit avant
sa venue en Bretagne, je vous jure qu'il vous écrira de ma boîte
Je collaborerai plutôt avec lui que d'en avoir le démenti. Sans
blague, je crois que lui, si travailleur, a un terrible poil dans
la main quand il s'agit d'une lettre.

(Ah ! au fait, je vous ai écrit d'ici, mais vois par votre
carte, que vous n'avez pas dû recevoir mon petit mot puisque
vous me parlez de l'effet des brumes de Rouen sur ma vieille
gourgandine de santé). Ce sont les brumes de Bretagne qui me
tarabustent à présent; mais le printemps montre son nez, avec
un mois de retard et je constate dans l'air, encore frais et plus
bleuâtre que bleu, des fils minces vaguement lumineux qui
pourraient bien être de très *jeunes* rayons de soleil. Oh ! oui,
j'ai toujours l'intention de gagner des bords plus chauds. Réus-
sirai-je enfin ? Comme toujours, j'ai bon espoir : l'espoir, il
n'y a que ça de vrai !

Alors, vous lâchez les deux trouffions de races multiples,
les gradés éloquents et les cantinières f.... joufflues. A votre
place, je ne regretterai que ces dernières; vous m'avez fait le
portrait de deux d'entr'elles que j'aurais positivement adorées.
Si vous retrouvez au Sénégal Missié Daniel, engagez-le à aller
prendre un punch à la Mâhtinique (c'est une promenade ! comme chante Carmen) avec moi qui ai l'*intention* de plus en plus
forte de faire un tour l'hiver prochain dans cette belle colonie,
même si les hasards de l'existence me fixent plutôt à la Guadeloupe ou en Haïti. Ce poivrot m'inspirait une vive sympathie
d'après votre description. Malheureusement, je serai fichu de
le faire attendre jusqu'en 1919 ou en 1920, sinon sous l'orme, du
moins sous le cachiman ou le panacoco. J'espère que non; mais,
depuis 1910, je répète tout le temps que je vais refiler aux Antilles. Enfin, nous verrons bien !

La Bretagne paraît plus propice au travail que la Norman-
die; puis j'ai de bonnes nouvelles. Crès, qui a été plus que gentil
pour moi, promet de me publier des « Histoires exotiques » dès

que ce sera possible. J'ai un autre bouquin, un roman, qui attend
l'impression depuis des mois et que je voudrais bien repasser
aussi à Crès, le détenteur actuel ne donnant plus signe de vie.
Crès est le plus chic des éditeurs ! C'est un copain pour ses
édités.

J'ai hâte de lire votre roman à vous.

Mes meilleurs vœux pour votre carrière en Afrique Occidentale Française. Quand je serai *riche* (ô culot !) j'irai une fois
aux Antilles par la très indirecte ligne du Brésil (M. M. ou Ch.
R.) afin de toucher à Dakar où j'aurai enfin la joie de vous
serrer la main.

Mes hommages respectueux à Madame Arnaud. Amitiés
aux enfants et une très forte poignée de main à vous.

Votre ami.

John-Antoine NAU.

*
* *

Tréboul, près Douarnenez (Finistère).
Route de Saint-Jean, 17 septembre 1917.

XXXVI

Mon cher ami,

Il est très chic de recevoir une lettre écrite sur le Niger et
timbrée de Tombouctou. Je suis sûr que le facteur me craint à
présent et me croit un peu « magicien africain », à moins que
le nom de Tombouctou ne l'épouvante comme teint de bochis-
me (?) et qu'il ne se figure que j'entretiens des intelligences avec
l'ennemi.

A la bonne heure ! Vous avez quelque chose d'intéressant
à raconter, vous ! Moi, je ne pourrai vous offrir que les plus
plats des ragots avec l'assurance bien sincère que je me « barbe » dur dans ce pays qui ne produit que des brezounelis et des
baigneurs et où le mois de septembre est aussi brumeux que
novembre ou presque. Je vois l'arrivée dans le bleu (bleu dans
l'air, bleu sur le Niger) de vos deux goumiers, le maure et le
noir. Ils doivent être époilants ces bougres-là ! Ici, les indigènes
lâchent leurs costumes genre « Pardon de Ploërmel » pour s'ha-

biller de drap hideux ou de toile bleue qui n'est pas même de
la « guinée ». Ils n'ont plus de « pittoresque » qu'un très vilain
petit chapeau à longs rubans qui tombent dans le dos (pas le
dos du chapeau, mais bien celui du propriétaire du galurin).
Quand ils portent en même temps que ce blum, une blouse de
planteur de pommes de terre et un pantalon merd'oie, on a
envie de leur donner deux ronds ou des coups de pied dans
l'hindenburg. Les nomades, non voilés et pas Touareg pour
une perra chica, s'affublent des costumes kaki et se coiffent de
paillassons ou de casquettes plates de marlous de province
qu'ils prennent de bonne foi pour des casquettes de yachtsmen.
Leurs femmes portent des jupes à mi-jambe et des tromblons
de la Mode Illustrée ou des bonnets tricotés, souvent de couleur
potiron. Ces nomades n'emploient pas les méharis dans leurs
déplacements, mais bien un fantastique chameau de fer connu
sous le nom de locomotive. Ça pue autant que les vrais en poil
et en bosse.

Il y a de tout ici en été, même deux ou trois cocottes qui
doivent être bien fatiguées si elles monopolisent tout l'amour
illégitime de la tribu des baigneurs-nomades. Mais on peut se
rassurer sur leur compte. Les dames « bien » doivent leur donner un fort coup.... de main, si vous voulez. Elles en ont un
œil, les dames « bien ». Les gosses baigneurs, très gommeux,
jouent tout le temps aux mômes de Gyp, en plus grossier. On
n'entend que des « ta gueule » et des m.... ». Vous voyez que
ce n'est pas follement pittoresque comme public. Le paysage
est plus amusant; le pays est très vert, à la fois, et très rocheux;
quand il y a deux liards de soleil, l'eau est splendide et il y en
a de l'eau ! Une énorme baie verte et bleue aux côtes roses ou
ambrées. Mais cette satanée brume gâte trop souvent tout. Ah !
je sais bien ce que nous ferons l'an prochain si Dieu nous prête
vie. Ma femme, elle-même, y est décidée : Cocos ! Bananes ! et
soleil *en pile*, comme on dit là-bas, chez Missié Daniel. La guerre finira bien d'ici à l'automne 1918. On dit que les Boches, sans
être complètement mâchés, commencent à être sérieusement
amochés. (Rien des Touareg Imochar).

Heureux homme ! vous voyez des Touareg de six pieds de
haut, voilés comme des femmes de la Mecque, des négros à
sourires de caïman et les charmes peu voilés de la mère La-
motte ! Quel album il y aurait à faire avec les « visions fémini-
nes de Robert Randau » depuis la Cantinière de Douéra jusqu'à
la dame fatiguée par les siestes des fonctionnaires célibataires !
Par exemple, la dame de Bamba est plus poétique, mais elle

est moins dans ma note : « Nau (John-Antoine) mon ami, vous n'êtes qu'un.... allouf ! »

Royère est venu passer quinze jours avec nous, du 30 juin au 15 juillet : Il vous a écrit, car il m'a réclamé par deux fois votre adresse. Ce pauvre Royère a eu du chagrin; un neveu de sa femme, un très gentil garçon que j'avais connu gosse, il y a dix ans, a été tué par les Bochards. Il avait dix-huit ans et demi et avait voulu à toute force, malgré père et mère, oncles et tantes, s'engager dans les chasseurs alpins. Il était d'une bravoure effrayante. Une fois, oublié dans un bois, il a tué cinq Prussiens, en a blessé deux et y serait certainement resté si son lieutenant ne s'était souvenu qu'on l'avait laissé à la traîne et n'était venu le chercher avec quelques hommes. Le jour de sa mort, il paraît qu'il en avait assez de combattre dans la tranchée. Il était monté sur un talus et a été tué d'une balle en plein front. Royère et sa femme sont désolés. Nous-mêmes, ma femme et moi, avons été d'autant plus attristés que nous l'avions revu une fois depuis l'époque où il était bambin; c'était chez Royère, à notre dernier séjour chez lui, en mars de cette année; le pauvre petit chasseur arrivait du dépôt et partait pour le front.

Voici une lettre que je termine plus lugubrement que je ne l'avais commencée. Cette satanée guerre a été douloureuse, horriblement, pour tant de nos amis ! Vous en savez quelque chose, malheureusement ! Vous aussi avez été cruellement éprouvé par la mort de votre frère. Ah ! il est temps que les massacres finissent !

Voici une bien mauvaise réponse à votre bonne et belle lettre qui m'a mis du soleil plein la peau, mais quelle fichue et navrante époque !

Veuillez, quand vous lui écrirez, présenter mes respectueux hommages à Madame Randau.

Bonne poignée de main.

Votre ami,

John-Antoine NAU.

*
* *

Tréboul (Finistère), près Douarnenez.
Route de Saint-Jean, 27 février 1918.

XXXVII

Mon cher ami,

C'est encore bien plus cette fois que la dernière que ma lettre ne pourra guère être qu'une lettre d'excuses. A peine avais-je reçu vos pages intéressantes que j'étais repris d'un accès d'angine rhumatismale beaucoup plus violente que les précédents et qui m'a rendu idiot pendant des semaines et des semaines. Or.... le spécialiste habite Quimper; c'est ce spécialiste, un médecin parisien, le docteur Casse, qui, avant la guerre avait la réputation d'être très fort. Le cataclysme l'a transformé en médecin-major et logé tout près de nous, à Quimper. Malheureusement, il doit être mal secondé car on le réclame d'un bout à l'autre de la Bretagne, et depuis tant de mois que je cherche à le joindre, je n'ai pu encore le trouver nulle part. Enfin, pour ces jours-ci, il y a rendez-vous ferme et j'espère que le seul médecin compétent actuellement en Bretagne verra ma gorge incessamment. Je serai, peut-être alors délivré de mes terreurs de pauvre magot qui souffre réellement, mais qui tire peut-être de ses souffrances des conclusions de malade imaginaire.

Vous avez dû faire un voyage admirable dans votre brousse nigérienne aux « tunnels » forestiers pleins d'oiseaux merveilleux de couleur et prodigieux comme musiciens à chahut. Et ces habitants humains, si admirablement sauvages ! Comme je vous envie de rencontrer, sous un soleil fou, des bonshommes aux teints miroitant de toutes les lumières, de tous les reflets métalliques ! et un peu campés, les bougres ! et, grâce au ciel, dépourvus de petits chapeaux à rubans de velours, de culottes merd'oie et de gilets à galonnailles. Une de vos phrases m'a fait une étrange et mystérieuse impression : «.... car en plein désert, on reçoit constamment des visites d'hôtes parfois encombrants »..... du reste, ces mots « le désert » sont toujours pleins de mystère étrange. Ce qui m'a moins réjoui ça été le récit de votre naufrage en plein Niger, dangereux accident à la suite de quoi vous avez fait connaissance avec ces abominables névralgies que je crains tant pour ma part ! Je souhaite bien que vous en soyez délivré !

Ah ! nom d'un chien ! ce n'est pas d'ici que je pourrais vous envoyer de pareilles lignes d'une aussi étonnante et passionnante couleur.

Quand je vous aurai raconté (comme dans l'une de mes dernières lettres) l'histoire de la noce saoûle depuis le marié et la mariée jusqu'au plus insignifiant cousin éloigné, je crois que j'aurai usé tous les effets du pittoresque local. (Il faut, du reste, ajouter que la population de Douarnenez — Audierne — Penmarch' est beaucoup plus douce que celle de Concarneau, — par exemple. Une noce concarnaise tout entière ivre, aurait fait plus d'une gredinerie). Ici, les gens sont plutôt doux malgré une mauvaise réputation qui remonte à une époque où le pays était très inconfortable et très difficile à coloniser. Actuellement les choses gardent un pittoresque assez amusant (si on ne compare pas au grand pittoresque soudanais), et en même temps on arrive à vivre de façon convenable.

J'ai envoyé votre lettre à Royère (l'adresse : Royère, 33, rue Franklin, Paris XVI') qui en a été ébloui et m'a juré qu'il allait vous récrire, « car il y a certainement, me dit-il, une lettre de lui qui ne vous est pas parvenue ».

Mais aïe ! ce sera mon dernier hiver breton ! Un de plus et je crèverais, et je ne suis pas encore bien sûr de m'en tirer, cette fois, les grègues nettes. Si je ne puis décidément pas, par mauvaise chance infernale, retourner aux Antilles, je vais embêter des députés, ou plutôt des négociants de l'Inde Française, de Madagascar ou d'îles océaniennes. Mais les Antilles n'étaient pas si dures que cela à aborder autrefois !

Ah ! la revue où Royère ne collaborait pas absolument comme secrétaire de la rédaction, mais bien plutôt comme critique des poèmes ? C'était — ou c'étaient — les « Solstices » dont la mobilisation du directeur Guy Roseï, a littéralement fait de la charpie. Morts, morts les Solstices !

Allons ! la prochaine fois, je tâcherai d'être un peu moins malade et un peu moins abruti afin de vous écrire une lettre moins assommante.

Mes respectueux hommages à Madame Arnaud, dès que vous lui écrirez.

Bonne et forte poignée de main.
Votre ami,

John-Antoine NAU.
Valétudinaire stupide.

*
* *

Tréboul, 16 juin 1919.

Petite villa Jeann.

XXXVIII

Cher Monsieur,

Combien j'ai été émue et touchée en lisant votre lettre !

Dans la douleur où mon deuil m'a plongée, séparée de mon mari adoré après trente-trois ans vécus ensemble sans un jour d'interruption, le témoignage que vous lui rendez m'est une consolation ou tout au moins un grand adoucissement à ma peine.

Je vous envoie la photographie de son tombeau. Il repose en face de la mer dans un site délicieux. Lui qui aimait tant la mer !

Veuillez faire mes amitiés à Madame Arnaud.

Je vous prie d'agréer, cher Monsieur, avec toute la sincérité de mes sentiments, ma reconnaissance émue.

Veuve Hette NAU.

(Tréboul (Finistère).

P.-S. — Mes fraternels amis Royère et sa femme sont auprès de moi. Ils vous font leurs bonnes amitiés.

www.ingramcontent.com/pod-product-compliance
Ingram Content Group UK Ltd.
Pitfield, Milton Keynes, MK11 3LW, UK
UKHW020024100726
13658UKWH00003B/1102